COURS GRADUÉ
DE
COMPOSITIONS FRANÇAISES,

COMPRENANT

DES SUJETS DE DEVOIRS RELATIFS A TOUS LES GENRES,

DÉFINITIONS, TABLEAUX, PORTRAITS, FABLES, MATIÈRES DE VERS, MÉLANGES, etc.;

A L'USAGE DES ÉLÈVES.

Ouvrage destiné aux personnes qui veulent faire seules des études de style, et spécialement à MM. les Professeurs des Institutions de Demoiselles.

PAR DEUX PROFESSEURS.

NOUVELLE ÉDITION,

REVUE ET AUGMENTÉE DE PLUSIEURS SUJETS.

PARIS,

DE L'IMPRIMERIE D'AUGUSTE DELALAIN,

LIB.-EDIT., rue des Mathurins-St.-Jacques, n° 5.

1826.

Auguste Delalain

COURS GRADUÉ

DE

COMPOSITIONS FRANÇAISES.

PREMIÈRE PARTIE.

SUJETS DE DEVOIRS.

1. *Le Loup et le jeune Mouton.* (Fable.) (1).

MOUTONS; sûreté; parc; chiens dormir; berger; flûte jouer; ombre ormeau; bergers voisins; compagnie. Loup; faim; venir; fentes; enceinte; reconnaître troupeau; mouton jeune; défaut d'expérience; conversation; quoi venir chercher; dire mouton. Loup répondre; herbe; vous savoir doux paître; prairie verte; fleurs; apaiser faim; soif éteindre; ruisseau; clarté. Ici trouver avantage: aimer philosophie; qui enseigner; contenter peu. Être vérité; répondre; mouton; vous non manger; chair; animaux; herbe; suffire; alors; vivre;

(1) Cette première manière de donner un sujet de devoir est un essai; on verra dans le corrigé comment ce devoir a été traité par des élèves.

frère; paître ensemble; inviter mouton; parc; sortie; prairie; philosophe tuer; avaler; défier; paroles gens vanter vertueux; juger action; non discours.

Même sujet présenté autrement.

Représentez des moutons enfermés pour sûreté dans une enceinte; les chiens endormis, le berger convenablement placé, jouant de la flûte auprès de ses camarades. Un loup venant, poussé par un motif, et s'entretenant avec un jeune mouton sans expérience. Le loup, questionné sur le motif de son arrivée, cherchera à inspirer de la confiance au mouton, en lui faisant accroire que ses goûts sont les mêmes que les siens; il se donnera pour un philosophe qui sait se contenter de peu. Par suite de l'entretien, le mouton se trouvera amené à sortir dans la prairie, où il sera victime de son imprudence. On déduira une morale convenable.

2. *Les Crimes punis l'un par l'autre.*

Trois hommes voyageant; trésor trouvé et partagé; leur entretien sur l'emploi de la trouvaille; leurs vivres consommés; commission donnée à ce sujet au plus jeune; son départ pour la ville; réflexions de celui-ci sur l'avantage de posséder le trésor à lui seul; paroles qu'il se dit à lui-même en formant le projet d'empoisonner les vivres qu'il va acheter, pour se défaire de ses deux camarades; projet pareil des deux autres, aussi ambitieux que lui; paroles par lesquelles ils énoncent leur complot; ils ont des poignards; manière dont les deux projets réussissent. On ajoutera une courte réflexion sur le sort des criminels.

3. *Trait d'amour fraternel.*

Naufrage de troupes portugaises dans un voyage aux Indes; partie abordant côte d'Afrique ; partie de nouveau en mer ; barque construite des débris du vaisseau; le chef Edouard de Mello averti par le pilote du danger occasioné par la charge trop forte du bâtiment ; proposition du choix de douze victimes ; soldat non-connu désigné par le sort ; instances de son jeune frère pour périr en place de l'aîné ; ses motifs fondés sur les services qu'il rend ; père, mère, sœurs dont sa vie est le soutien ; consentement du chef ; jeune homme jeté à la mer suivant la barque pendant six heures ; menaces de le tuer ; persévérance de sa part ; épée dont on veut le frapper saisie et lui servant à rentrer ; compassion qu'il excite ; sa vie et celle de son frère conservées.

4. *Le Père infortuné.*

Côme II, duc de Florence ; deux fils, le premier Jean, le deuxième Garcias ; bon caractère de Jean, nommé cardinal fort jeune ; mauvais caractère de Garcias ; amitié de Côme pour Jean ; jalousie de Garcias ; l'aîné dix-huit ans, l'autre quinze ; partie de chasse ; Jean attiré à l'écart dans un bois ; reproches ; meurtre fait par Garcias ; tranquillité de l'assassin de retour au palais ; cheval de Jean revenant peu après seul ; ordre de suivre ses traces donné par Côme ; lui-même à la recherche avec ses gens ; spectacle offert à sa vue dans le bois ; ses soupçons ; cadavre enlevé et placé sur son lit derrière les rideaux ; Garcias mandé ; accusation ; crime nié ; voile levé ; effet de la vue du corps sur le coupable ; trouble, pâleur ; remords, aveu ; désespoir du père, ses larmes, ses reproches ; arrêt de condamnation qu'il prononce comme juge ; honte de supplice qu'il croit devoir épargner au coupable, qui est son fils ; ses paroles, suivies du meurtre de son fils ; l'instrument est le poignard retiré de la plaie de l'aîné ; cause de la double mort cachée ; pompe funèbre ; la mère y survivant peu de jours.

L'Assemblée des animaux pour choisir un Roi. (Fable.)

Mort du lion ; désespoir de la lionne ; visite des animaux ; compliments ordinaires ; élection d'un roi ; couronne du mort au milieu de l'assemblée ; le lionceau trop jeune pour régner ; ses paroles pour donner de l'espérance ; il se propose d'imiter son père. Prétentions qu'énonce le léopard ; elles sont fondées sur sa ressemblance avec le lion ; celles de l'ours sur la force, le courage, et l'adresse à grimper sur les arbres ; celles de l'éléphant sur la taille, la force, la gravité ; celles du cheval sur la noblesse et la beauté ; celles du renard sur la finesse ; celles du cerf sur la légèreté ; celles du singe sur son talent à divertir, et sa ressemblance avec l'homme. Après qu'on aura fait parler ces divers animaux, le perroquet apostrophera le singe sur ce qu'il aura dit de sa ressemblance avec l'homme, et en montrera le ridicule. Il s'en attribuera une plus parfaite, celle de la voix, signe de la raison. Le singe ripostera en faisant la critique de son vain babil. Moqueries de l'assemblée ; couronne donnée à l'éléphant ; en lui force et sagesse sans cruauté, ni vanité, comme dans les autres animaux.

6. *L'Epouse de Pythus.*

Pythus, prince lydien ; son avarice ; sa dureté envers ses sujets ; travaux pénibles auxquels il les occupait ; mines d'or et d'argent à creuser ; son absence ; leurs plaintes à la princesse épouse de Pythus ; son secours imploré ; moyen qu'elle emplóie pour changer la conduite de son mari ; repas magnifique qu'elle lui fait servir ; tous les mets représentés en or ; faim du convive avare au milieu de ces mets ; sens de cette énigme compris par le prince. On le développera en disant à quoi doivent être réduits un pays et ses habitans, si l'or et l'argent ne sont qu'en spectacle, et si la culture des terres est négligée pour l'exploitation des mines.

7. *Le Parricide confondu.*

Vieux Romain de nom inconnu ; découverte qu'il fait de l'attentat de son fils à sa vie ; sa peine à y croire ; sa femme consultée et suppliée de déclarer si ce fils est bien réellement le sien ; réponse affirmative ; fils emmené par lui dans des lieux déserts ; poignard présenté par le père, qui tend sa gorge ; paroles qu'il ajoute pour exciter le parricide ; remords du coupable ; poignard jeté ; vœux faits par lui pour la vie du père ; prière qu'il lui fait de lui ôter à lui-même la vie, et de croire à son repentir ; embrassement, larmes et joie du vieillard ; jeune homme désespéré, consolé par lui ; désir du fils de ne vivre que pour prouver d'autre sentiments qu'on énoncera.

8. *La Fidélité Conjugale.*

Guerre entre Guelphe, duc de Bavière, et l'empereur Conrad; château où le premier est assiégé par le second; défense jusqu'à l'extrémité; nécessité de la reddition; civilité de l'empereur envers l'envoyé de Guelphe; parole donnée pour la sûreté du duc et de ses gens traversant l'armée ennemie; craintes de l'épouse du duc à la nouvelle de tant de bontés, vu quelques discours tenus contre le prince; son désir d'un plus sûr engagement; sauf conduit ou permission de sortir sans danger demandée de sa part à l'empereur pour elle et les autres dames, avec tout ce qu'elles pourraient emporter; consentement de l'empereur; sortie faite en présence de ce prince et de son armée; étonnement à la vue de la duchesse et des comtesses, baronnes et autres dames, chacune portant son mari; ce que la demande avait fait croire au lieu de cette ruse; bon effet de ce spectacle sur l'empereur; sa réflexion sur les sentiments de ces dames, qu'on développera; éloge, régal, accommodement sincère qu'il fait; mauvais conseils de ses généraux; non suivis; sa réponse sur ce qu'on doit à sa parole.

9. *Le Triomphe de la Vertu.*

Négociant de province; fortune bornée; probité; pertes faites; banqueroutes essuyées; misère. Voyage à Paris pour secours; ses malheurs exposés par lui à ses anciens correspondants; prières de l'aider; assurance de sa bonne volonté de payer ses débiteurs ; compassion et promesses de tou ; rigueur d'un seul ; prison pour dette de mille écus dus à celui-ci ; fils du malheureux négociant ; son âge, vingt-deux ans ; connaissance qu'il a de la situation du père ; prières, instances, protestations, promesses auprès du créancier ; ensuite il cherchera à le fléchir par le tableau qu'il lui fera du sort d'une famille composée d'une mère âgée, huit enfants. Enfin, il offrira de remplacer son père dans la prison, pour donner à celui-ci les moyens de se libérer. Paroles, posture humble et sentiments vertueux du jeune homme triomphant de l'inflexibilité du créancier ; émotion de celui-ci allant jusqu'aux larmes ; ses paroles de grâce, accompagnées de regrets au sujet de sa résistance ; il lui parle d'une fille qu'il a, et qui est digne des sentiments du jeune homme ; il la lui offre avec tous ses biens, en l'invitant à venir délivrer le père et à demander son consentement.

10. *Le Tyran poète.*

Manie de Denys le tyran pour les vers ; son amour-propre de ce côté ; applaudissements qu'il recherchait de ses auditeurs ; flatteurs qui le gâtaient ; ils ne sont point imités par Philoxène, poëte célèbre. Vers lus à lui par Denys ; franchise de Philoxène pressé de les juger ; défauts montrés ; amour-propre du tyran blessé ; ordre de conduire le poëte aux Carrières, punition qui répond chez nous aux galères ; affliction de la cour ; intérêt pris pour le prisonnier ; délivrance obtenue ; bonnes grâces du prince revenues ; le lendemain, repas donné par lui pour réconciliation ; joie, gaîté, bonne chère ; ensuite vers choisis, morceaux de prédilection relus par le prince; son désir de l'approbation de Philoxène, qui devait être averti par ce qui s'était passé; Philoxène interrogé sur les vers; on mettra dans sa bouche, pour toute réponse, un ordre qu'il donne aux gardes là présents de le remener aux Carrières; la plaisanterie bien prise par le prince.

11. *Le Soldat magnanime.*

Siége d'une place française par le grand Condé, à la tête de l'armée espagnole en Flandre; soldat maltraité par officier général; coups de canne reçus pour paroles peu respectueuses; réponse du soldat; *qu'il l'en ferait repentir.* Quinze jours après, ordre donné par ce même officier de chercher un homme intrépide pour un coup de main, moyennant une récompense de cent pistoles; présentation du soldat en question, choix qu'il fait de trente camarades; sa réussite dans sa commission difficile, qui consistait à s'assurer si l'ennemi creusait des mines sous le glacis; chapeau et outil d'un mineur tué, preuve que le soldat rapporte de sa découverte; éloges de l'officier général; pistoles comptées; distribution que le soldat en fait à ses camarades; ses paroles de désintéressement; sa demande du grade d'officier s'il y a lieu. Méconnu de l'officier, il ajoutera quelques mots pour lui rappeler la scène qui avait eu lieu entre eux, et après laquelle il l'avait menacé du repentir. Admiration, attendrissement, excuse de l'officier général; grade accordé.

11. *Les Abeilles.* (Fable.)

Promenade d'un jeune prince dans un beau jardin au retour de la belle saison ; bruit qui l'attire près d'une ruche ; son étonnement à la vue de l'ordre de cette petite république ; les cellules se formant ; les abeilles les remplissant de miel ; fleurs apportées par d'autres ; oisiveté bannie ; mouvement sans trouble ni confusion ; direction des unes, soumission des autres ; abeille reine s'approchant du prince observateur ; ses paroles, par lesquelles elle l'instruit de leur police, qui tend à éloigner le désordre, à favoriser la supériorité du travail et des talents, l'élévation du mérite, les occupations utiles ; souhait qu'elle fait au prince de porter un jour les hommes à les imiter.

13. *La Perte réparée.*

On dira que le jeune prince de Commercy se distingua à la bataille de Hersan, contre les Turcs, de la manière suivante : Etendard enlevé à une compagnie de son régiment ; permission demandée au duc de Lorraine et obtenue d'en aller chercher un autre ; enseigne turc aperçu portant un drapeau au bout d'une zagaie ; décrire le combat singulier qui se donne entre eux, dans lequel le Turc périt et le prince est blessé ; ce dernier arrache lui-même de son corps la zagaie qui l'avait blessé ; ses paroles en présentant ce drapeau teint de son sang à son cornette ; elles doivent être remarquables par le sang froid ; guérison du prince ; l'empereur instruit ;

étendard conquis exposé dans une église et remplacé par un autre brodé des mains de l'impératrice.

14. *Camma.*

En Galatie deux riches seigneurs, Sinatus et Sinorix ; mariage du premier avec Camma, fille de condition et prêtresse de Diane ; portrait avantageux de Camma ; ses qualités brillantes, physiques et morales ; passion de Sinorix pour Camma ; son peu d'espoir ; embûches dressées ; assassinat de Sinatus ; demande de la main de Camma quelque temps après ; conduite de Camma, qui dissimule son ressentiment ; sollicitations empressées de Sinorix ; refus de Camma ; étant pressée de nouveau, elle s'adoucit par feinte ; leur union ; Camma conduite au temple ; libation, suivant la coutume de la cérémonie ; ses dernières paroles ; reproches faits à Sinorix qu'elle empoisonne après elle.

15. *Les deux frères.*

Deux frères, fils du même père, mais d'une mère différente, César et Everard ; décrire leurs caractères tout-à-fait opposés, le premier en bien, le second en mal ; aveugle tendresse de la mère du deuxième, contribuant encore à, etc. ; préférences pour lui ; conduite de marâtre envers l'autre ; torts, injustices à son égard ; développer ces idées, ainsi que sa patience et sa douceur ; il se consolait par la justice que lui rendait son père, qui voyait autrement, etc. ; mort du père ; séparation des frères voulue par la mère ; partage des biens ; Everard va de son côté avec sa mère, et vingt mille livres de rentes. Mais qu'est-ce que cela pour un, etc.? Ruiné en peu d'années par, etc.; développer; il attendait la succession d'un vieil oncle; mort de celui-ci au moment où Everard est réduit à la plus grande détresse; avant même qu'on eût rendu au défunt, etc.; César tourmenté pour le partage de ce que les autres croyaient avoir; César instruit de la manière dont est fait le testament; son généreux silence à cet égard; avis donné qu'il leur reviendra plus qu'il ne leur appartient; invitation à attendre qu'on ait rendu les derniers devoirs à l'oncle (ses paroles en style direct.)

Réponse arrogante d'Everard, qui persiste à vouloir, etc.; réplique pleine de douceur de César, qui remet la chose à un autre temps, en ajoutant: Qu'en attendant, s'il a besoin de quelque chose, il donnera, etc., mais que, pour aujourd'hui, etc. (style direct). Emportement d'Everard sur ces mots, motivé sur ce qu'il croit toujours à ses droits. Demande réitérée du testament; refus vu les circonstances; fureur et injures d'Everard; César poussé à bout: tu le veux donc, etc.; testament montré; Everard y lit son sort et les motifs; confusion d'Everard et de sa mère réduits au désespoir; générosité de César; ses paroles par lesquelles il les rassure; partage proposé; en échange amitié exigée; il peindra les résultats de la discorde. Everard et sa mère pénétrés; tendresse, reconnaissance, union; réflexion morale.

16. *Le pécheur Thomas Anielle.*

Courte réflexion sur l'état d'un peuple maltraité, et comparé à un corps malade; dureté du gouvernement espagnol, lorsque Naples était sous sa domination; le peuple de cette ville accablé d'impôts, de droits d'entrée; un nouvel impôt sur les fruits, principale nourriture des habitants, excite des murmures; plaintes du peuple privé des mets recherchés et de la plus simple nourriture; peindre en peu de mots l'avarice des Espagnols; que le territoire de Naples, si fécond, ne rapporte plus que des impôts, etc.; à quoi les citoyens sont réduits, pour jouir des seuls aliments qui leur restent; la vie qu'ils traînent; leur sang, en quelque sorte, soumis aux impôts. Dans cette disposition des esprits, un léger incident les porte à de grands excès. Un paysan porte des figues au marché, et refuse le paiement du droit; dispute; figues renversées; cris de l'homme; concours du peuple; pillage; commis injuriés; paysan favorisé, tout en perdant sa marchandise. Entre autres, survient Thomas Anielle, homme du bas peuple, pêcheur de profession; son portrait en peu de mots; il est célèbre chez la populace, par la réputation de sa force. Accompagné de quelques gens de son espèce, armés comme ils peuvent, il tombe sur les commis, assomme les uns, met les autres en fuite. Le peuple exhorté à secouer le joug; sédition, tumulte, armes prises, etc., etc. Anielle chef, exalté comme libérateur; décrire en peu de mots son élévation, son influence sur la multitude; l'autorité royale non respectée; le vice-roi paraît pour, etc.; il est insulté, etc. Anielle triomphant;

sa joie immodérée ; excès auxquels le vin le porte envers les siens ; retour que sa conduite occasione contre lui de la part de ceux que son audace avait soulevés contre les magistrats ; changements dans les esprits indignés ; sa mort, courte réflexion sur la fortune.

17. *Tableau d'une honnête famille.*

Il est fait par un voyageur reçu chez un ancien ami ; il manifestera le plaisir qu'il eut de se trouver au sein d'une famille où tout respirait.... ; peindre ici les qualités convenables, les mœurs, les manières, le travail, les plaisirs ; manière dont le reçoit madame de V**, ce qui tient le milieu entre l'accueil que l'on fait à de nouvelles connaissances et celui qui ne convient qu'avec d'anciens amis ; portrait avantageux de cette dame ; physionomie de la vertu ; air de douceur, et malgré cela animé ; ton de noblesse qui, même dans la simplicité, annonce l'élévation de l'âme plus que celle, etc. ; qualités qui l'emportent sur la beauté, et durent davantage ; connaissances sans, etc. ; bonne manière de s'exprimer, sans les défauts qui peuvent en provenir ; de l'esprit sans, etc. ; caractère bien assorti à celui du mari, un peu trop bouillant sans ce mélange ; l'un a l'ascendant du sexe, etc. ; l'autre la force de la douceur qui persuade ; on voyait qui était le chef, non qui était le maître ; rien ne ressentait la domination, etc. ; effet de l'union des volontés ; portrait des demoiselles de la maison ; décence de la parure ; modestie de maintien ; ingénuité dans, etc. ; accord, etc. ; empressement d'obliger ; travaux faits pour former de bonnes mères de famille ; quelques talents agréables destinés à, etc. ; tous ces objets exciteront l'admiration et la surprise du nouvel hôte.

18. *Jeannot et Colin.*

Amitié de Jeannot et Colin, chez le magister du village ; Jeannot, fils de marchand de mulets, Colin, d'un laboureur; temps d'études près de finir; bel habit apporté à Jeannot, avec lettre *à Monsieur de la Jeannotière*; admiration, sans jalousie de Colin; air fier de Jeannot ; ses études négligées ; usage du miroir; ses mépris; arrivée d'un valet-de-chambre en poste; seconde lettre *à Monsieur le marquis de la Jeannotière*; ordre du père; venir à Paris; départ de Jeannot; adieu d'un air de protecteur; pleurs, humilité de Colin; gloire de Jeannot.

Grands biens acquis par Jeannot père, par intrigues et entreprises; titre de *la Jeannotière* qu'on lui donne; marquisat acheté depuis six mois, quand fils hors école, pour Paris.

Tendresse de Colin; lettre à Jeannot, sans réponse ; douleur.

Education que M. de la Jeannotière veut donner à son fils; opposition de Madame; pas de latin; comédie, opéra en français; pas de géographie; postillons chemin savoir; d'après cela, danse apprendre.

Sans étude, bientôt par oisiveté, libertinage; dépenses pour faux plaisirs; parents vivre grands seigneurs.

Veuve, jeune, de distinction; peu de fortune; mariage proposé; vieille voisine; parents éblouis; acceptation; noces prêtes; au milieu des félicitations, valet-de-chambre arrivant effaré ; ce qu'il raconte; huissiers, créanciers, saisie de meubles de

Monsieur et de Madame ; ses gages, pour lesquels il craint ; marquis aller voir ; veuve engager lui ; son arrivée ; père en prison ; fuite et pillage des domestiques ; état d'abandon et d'affliction de sa mère ; souvenir qui lui reste pour tout bien.

Après larmes, encouragement du fils ; il énonce son espoir fondé sur l'amour, la générosité, la richesse de son épouse future, qu'il va chercher pour l'amener ; réception méprisante qu'il éprouve ; peindre l'air de surprise ; feinte de celle-ci, qui le renvoie à sa mère ; paroles de protection ; offre d'une place de femme-de chambre auprès d'elle ; surprise et colère du marquis ; sa visite chez les amis de son père ; réception de politesse étudiée ; espérances vagues données ; monde mieux connu en ce peu d'instants.

Son désespoir ; vue d'une chaise roulante antique, et de quatre charrettes chargées ; dedans jeune homme ; vêtements grossiers ; visage rond, fraîcheur, douceur, gaîté près de lui ; femme petite, brune, agréable ; marche lente de la voiture, laissant au voyageur le temps de considérer le marquis ; son abattement ; cri de Colin, qui reconnaît Jeannot ; regards du marquis ; voiture arrêtée ; descente ; embrassade ; honte et pleurs de Jeannot, qui reconnaît Colin ; paroles par lesquelles celui-ci l'assure de son amitié, malgré son abandon et son élévation ; attendrissement de Jeannot ; son histoire contée en partie ; invitation que lui fait Colin de venir à son hôtellerie conter le reste, et dîner ensemble.

Durant le chemin à pied, question de Jeannot sur le bagage qui suit ; réponse de Colin, que tout est à lui ; qu'ils arrivent du pays ; manufactures de fer et cuivre étamé qu'il dirige ; son mariage fait avec la fille d'un riche négociant en ustensiles de tout genre; leurs travaux bénis du ciel; leur état toujours le même; leur bonheur; leur intention d'aider Jeannot; conseil de renoncer aux grandeurs, qui ne remplacent pas l'amitié; invitation de retourner au pays, d'y apprendre le métier; promesse d'association et de vie heureuse, dans le pays de leur naissance.

Douleur, joie, tendresse, honte qu'éprouve à la fois Jeannot; paroles intérieures par lesquelles il se reproche sa conduite passée envers Colin, qu'il compare aux autres amis; bon effet de la bonté de Colin sur Jeannot; sentiment de ne pouvoir abandonner ses parents; offre obligeante de Colin pour la mère de Jeannot; le père en prison, qu'il se charge d'en tirer; réussite; retour de Jeannot au pays avec ses parents; première profession reprise; mariage; sœur de Colin, union heureuse; pensée de toute la famille sur bonheur, non vanité.

19. *Guillaume Tell*.

Peindre les désordres et la confusion qui régnaient en Suisse avant qu'on y eût recouvré la liberté, sous la tyrannie du gouverneur Grisler, résidant à Altorf, et sous les ministres de ce tyran; extravagance jointe à la cruauté; chapeau au bout d'une perche qu'il fait planter dans la place publique, avec injonction à tout passant de s'incliner comme devant lui, sous peine de mort. Guillaume-Tell, homme grossier, mais de mœurs simples et franches, venu pour affaires à Altorf; son étonnement mêlé d'envie de rire à la vue de la perche et du chapeau; peu curieux de s'informer, il passe outre en riant:

rapport fait au gouverneur ; colère ; coupable arrêté, amené en sa présence ; dépeindre la fureur d'un barbare jaloux de son autorité ; ses paroles, ses menaces ; étonnement de Guillaume, qui, n'ayant rien à se reprocher, demande quel est son crime ; instruit du motif ; sa réponse libre et rustique ; effet du ton railleur qui y règne et de son juste raisonnement sur le juge tyran ; Guillaume en prison.

Le tyran dans l'incertitude d'un homme qui cherche à assouvir sa rage ; moyen suggéré, sans le vouloir, par un courtisan qui, cherchant à sauver Tell, vante son adresse à tirer de l'arc, et dit que ce serait dommage, etc. ; le tyran consent à accorder la grâce, s'il tire juste ; mais rien s'il manque. Un fils chéri de Guillaume ; moyen employé par le tyran ; pomme à abattre de dessus la tête de l'enfant ; développer ; effroi du père à la proposition ; il subira plutôt, etc. ; sollicitations inutiles pour faire placer ailleurs le but ; alternative de l'acceptation ou du supplice ; peindre l'affreuse situation de Tell ; ce qu'il se représente d'un côté, si, etc. ; de l'autre, si, etc. ; réflexion qui fixe son incertitude ; son fils également perdu s'il refuse ; développer comment, en le faisant parler à lui-même : le ciel est juste, etc. ; allons, dit-il, etc. ; en parlant au gouverneur ; il accepte et demande l'instrument ; décrire ce qui doit se passer sur la place où l'on se rend ; le cruel juge et ses gardes ; l'enfant disposé ; l'agitation du père ; la foule du peuple ; Grisler trépignant d'une joie maligne ; murmure de tous les assistants ; l'enfant, etc. ; le père, etc. ; il se recueille et prend courage ; prière au ciel ; il saisit l'arc ; peindre ce tableau général ; la flèche vole, etc. ; succès.

Peindre la joie du public et la rage du gouverneur promenant les yeux sur Tell ; il voit tomber de son carquois une flèche ; nouveau motif de vengeance ; il le fait appeler ; faux accueil de bonté ; éloge simulé et assurance de liberté ; demande du motif de deux flèches ; mon usage, répond Tell, n'est pas, etc. ; le gouverneur, avec un sourire artificieux, cherchera à lui faire avouer son motif, en l'encourageant par promesse de pardon d'avance ; Tell rassuré, dira librement que si la fortune contraire, etc. ; il ne savait à quoi le désespoir, etc. ; fureur du juge qui n'use plus de ruse ; ses paroles ; chaînes ; prison ; indignation des assistants ; Tell frissonne ; il implore du secours, mais personne, etc ; vieux château sur les bords d'un lac, qui s'étend d'Altorf à Lucerne, lieu de prison ; barque, escorte, le gouverneur lui-même accompagnant le coupable.

Arrivée au milieu du lac ; ici description de tempête, vents tonnerre, vagues, barque tourmentée ; efforts des rameurs, etc. ; dans cette conjoncture, conseil donné au gouverneur de donner la liberté à Tell, dont la force seule, etc. ; son adhésion ; le Suisse saisit deux rames ; bon effet de son exemple ; succès ; approche du bord ; près de l'endroit où l'on était près de descendre, un écueil dont le sommet dominait l'eau ; Tell, à portée, saute sur le roc et repousse la barque ; rage de Grisler vu sa situation ;

Guillaume court à ses armes, et revient au bord; la barque abordant après bien des tourments; retour du gouverneur à Altorf; ordres pour la recherche de Tell; celui-ci, placé en embuscade, entend les menaces du tyran, qu'il faut exprimer; Tell, irrité: barbare, etc.; il l'apostrophe convenablement, et lui donne la mort; deux monuments érigés par, etc.; l'un sur la place où mourut Grisler; l'autre sur l'écueil où Tell s'échappa.

20. *La Conservation miraculeuse.*

Durant les guerres de religion en France, blessure que reçoit à la défense de Rouen François Civile, brave gentilhomme protestant; sa chûte sans connaissance du rempart dans la ville; négligence avec laquelle il est enterré par des soldats qui le croient mort; recherche que son domestique fait de son corps pour sépulture plus honorable; peine inutile pour le reconnaître parmi les cadavres; ces cadavres par lui recouverts de terre; main de l'un d'eux restant découverte; à son retour, regard jeté derrière lui, main aperçue par lui; crainte qu'il a des chiens sur cet objet; motif de son retour sur ses pas; diamant de Civile aperçu au clair de la lune; son maître encore respirant emporté par lui à l'hôpital des blessés; refus des soins par les chirurgiens à un homme regardé comme mort; auberge où il est transporté par son domestique, où il reste quatre jours sans secours; visite de deux médecins, soins, convalescence; prise de la ville; convalescent jeté par les fenêtres par les vainqueurs; tas de fumier se trouvant à propos; là, trois jours sans secours; enlevé de nuit par un parent; transport en maison de campagne; soins, guérison, santé; quarante ans de survivance.

21. *Humanité de Fénélon durant les calamités occasionées par le rigoureux hiver de 1709.*

Souvenir qu'on a de l'année la plus malheureuse de Louis XIV, qui paraissait une punition de l'orgueil de la France dans son bonheur, et un obscurcissement du plus beau règne; stérilité de la terre inondée de sang; sa cruauté comparée à celle des destructeurs; le fer aidant la famine; découragement des peuples motivé par la guerre, les impôts, le besoin; cherté du peu de vivres pour tout le monde; magasins vides, vu le cruel hiver, faisant faute à l'armée qui défend l'état; générosité de Fénélon; envoi qu'il fait de ses récoltes; émulation et efforts des pays voisins; libéralité dans la disette; maladies dans l'armée et les provinces; présence de l'ennemi augmentant le mal; campagnes abandonnées, fuite des gens dans les villes; malheureux sans asiles; preuves d'amour de la patrie données par Fénélon; son palais ouvert à tous; ses revenus engagés pour ceux qu'il ne peut recevoir; ses soins, sa surveillance; point de maux ni de spectacle affligeant qui l'effraient; encouragements qu'il donne; impression que doit faire le tableau de cet homme, vieux, évêque, instruit, bienfaisant; les pauvres autour de lui, leurs bénédictions, ses consolations, l'exemple qu'il donne des vertus qu'il conseille.

22. *Belle Vengeance d'un jeune Soldat.*

Siége de Namur par les puissances alliées contre la France, au commencement du dix-huitième siècle;

Union bas-officier, Valentin simple soldat, régiment du colonel Hamilton; tous deux rivaux et ennemis pour cause d'amour; persécutions d'Union, officier de Valentin; souffrance et résignation de celui-ci, mais vif désir d'être vengé; attaque du château de la place où l'un et l'autre employés; sortie des assiégés; blessure d'Union à la cuisse; danger d'être foulé aux pieds; recours à son ennemi; secours que lui porte celui-ci au milieu de la mêlée, le transportant sur une hauteur voisine; boulet de canon qui tue le soldat en ce lieu même sans toucher l'officier; regrets et désespoir qu'exprime celui-ci; reproches qu'il se fait, son désir de ne pas survivre; impossibilité de le séparer du cadavre; impression que fait sur les spectateurs la vue de l'un et de l'autre emportés dans les rangs; Union pansé de force dans sa tente; le jour suivant, sa mort causée par les regrets. Décider en peu de mots cette question : Lequel des deux montra le plus de générosité?

23. *Funérailles d'Hippias tué dans un combat par Adraste, roi des Dauniens.*

Liqueurs odoriférantes dont on lave le corps par ordre de Télémaque; bûcher préparé. Décrire la chute de pins, chênes, peupliers, ormeaux, hêtres, tombant sous la hache au bord du fleuve Galèse; élévation du bûcher semblable à celle d'un bâtiment; flamme, fumée. Peindre la marche du cortège des Lacédémoniens; piques renversées; état des yeux et du visage; l'abattement et la douleur de Phérécyde, vieillard qui a élevé Hippias; son refus de nourriture depuis la mort d'Hippias, privation de sommeil, pas chancelants; sa démarche incertaine, son silence provenant de la douleur ; son agitation à la vue du bûcher ; plaintes qu'il adresse à Hippias, qu'il espérait avoir près de lui quand il mourrait ; reproche qu'il se fait de lui avoir appris à mépriser la mort, et aux dieux d'avoir prolongé sa vie ; douleur de la mère et de la jeune épouse d'Hippias qu'il se représente, et qu'il s'accuse d'occasioner ; son désir de suivre l'ombre d'Hippias, et de ne rester que pour le dernier devoir.

Corps d'Hippias, cercueil, pourpre, or, argent qui l'ornent ; état des yeux, du visage, qui était encore beau, blancheur du cou, beaux cheveux noirs flottants, devant être bientôt brûlés ; blessure au côté, cause de sa mort.

Tristesse de Télémaque qui suivait le corps ; fleurs qu'il jetait ; ses larmes à la vue des effets de la flamme ; adieu qu'il lui adresse ; il n'ose le nommer son ami, il prie son ombre glorieuse de s'apaiser (1) ; par amitié il n'envie pas le bonheur de sa délivrance et de sa mort glorieuse ; souhait d'une fin pareille ; vœux pour qu'il arrive sans obstacles aux Champs-Elysées, pour sa renommée et son repos.

Cri poussé par l'armée ; attendrissement ; récit des actions du défunt, éloge des qualités, oubli des défauts ; corps consumé ; parfums que Télémaque répand sur ses cendres ; urne d'or, fleurs à l'entour : il la porte à Phalante, frère d'Hippias, sur le point de périr lui-même de ses blessures.

---

(1) Il y avait peu de temps qu'il avait eu un différend et s'était battu avec lui.

24. *Le Monarque chinois.*

Partie de chasse de l'empereur Cam-hi ; suite dont il s'écarte ; vieillard affligé rencontré ; questions de l'empereur inconnu ; inutilité présumée d'y satisfaire, vu l'impossibilité du remède ; l'empereur insistant sur la confidence ; paroles du vieillard ; son bien pris par un gouverneur d'une maison de plaisance de l'empereur ; sa mendicité ; son fils enlevé pour esclave ; émotion de l'empereur ; idée de punition du crime ; question sur la distance de la maison mentionnée ; réponse demi-lieue ; désir qu'exprime l'empereur d'y aller avec le vieillard ; son espérance feinte de réussir auprès du gouverneur ; démarche dissuadée par le vieillard, vu le peu de sûreté et les traitements à craindre ; persévérance exprimée par l'empereur ; vieillard se déterminant sur l'apparence imposante de l'inconnu ; objection provenant de sa marche et du train du cheval ; offre de l'empereur, lui à pied, l'homme à cheval ; refus du vieillard ; offre de l'empereur pour obvier à tout ; refus du vieillard, motivé sur sa malpropreté ; l'empereur passant par dessus tout ; départ et arrivée ; gouverneur demandé ; sa surprise au moment de la reconnaissance ; présence des seigneurs survenus ; reproches sanglants ; reddition du bien et du fils ; punition de mort du coupable ; sa place occupée par le vieillard ; avis donné sur ce qui s'est passé.

25. *Histoire d'un bon religieux.*

Distraction que montre un voleur de grand chemin auprès d'un religieux avec lequel il est enfermé dans une chapelle pour être disposé à la mort ; avis de celui-ci de songer à sa position ; question sur la cause de sa distraction ; réponse du patient, qui pense que le religieux peut le sauver ; le religieux demandera comment, et témoignera son scrupule sur la conduite future du voleur ; promesses et bonne résolution de celui-ci ; attendrissement du religieux ; comment s'y prendre ; seule fenêtre à hauteur de quinze pieds ; l'autel, la chaise du religieux et ses épaules, moyens d'évasion indiqués par le criminel ; la chose exécutée ; tout remis en place, le religieux sur sa chaise ; trois heures après, coups frappés à la porte par le bourreau ; demande du criminel ; réponse du religieux, qui le compare à un ange, vu sa sortie par la fenêtre ; juges avertis par le bourreau ; leur arrivée à la chapelle ; réponse grave du religieux continuant à faire passer son pénitent pour un ange ; en tout cas, lui n'est pas un gardien ; sang froid du bonhomme, auquel cède la gravité des magistrats ; bon voyage souhaité au patient.

Voyage du religieux par les Ardennes, vingt ans après ; égarement sur la fin du jour ; rencontre d'un paysan ; attention de celui-ci à considérer le religieux ; sa proposition d'une ferme voisine pour la nuit ; embarras, crainte, soupçons du religieux ; réflexion qui le détermine sans le rassurer ; mais bientôt, aspect rassurant de la ferme ; le paysan possesseur ; ordre à sa femme pour la préparation d'un bon souper ; huit enfants appartenant au paysan ; leur présentation au religieux ; invitation qu'il leur fait de le remercier de ce qu'il lui doit la vie ainsi qu'eux ; traits du voleur sauvé remis par le religieux ; reconnaissance témoignée par la famille ; questions du religieux à l'homme seul sur ce qui s'est passé ; explication donnée par le ci-devant voleur ; aumône demandée jusqu'à ce lieu, qui est sa patrie ; son service chez le maître de la ferme ; bonne conduite ; fille du maître épousée ; efforts vertueux ; bénédiction du ciel ; aisance acquise ; offre au religieux de tout son avoir ; celui-ci content des suites de son service ; refus d'accepter ; quelques jours passés là ; égards ; cheval pour route ; conduite hors des chemins dangereux.

26. *Belle leçon d'un Monarque à son fils.*

Roi très-humain ; fils d'un caractère différent ; marques de hauteur et de dureté qu'il donnait ; craintes du père pour l'avenir et soins pour le corriger ; courtisan entretenu sur ce sujet par le père ; son entreprise de corriger le jeune prince ; consentement du roi ; enfant nouveau-né placé secrètement près du fils nouvellement né du jeune prince ; précautions nécessaires prises d'avance ; arrivée du prince au berceau ; sa surprise, vu son fils qu'il ne peut distinguer ; emportement, fureur ; arrivée du roi, instruit d'avance ; paroles par lesquelles il feint d'être étonné de l'embarras de son fils ; ce sont diverses questions ; il cherche à lui faire sentir si le sang, la nature, le rang, peuvent lui faire distinguer une différence entre le prince et le sujet ; leçon comprise ; changement du jeune prince en bien.

27. *Trait d'Humanité.*

Jeune homme arrêté dans une petite rue ; la bourse ou la vie ; voix d'un malheureux distinguée de celle d'un scélérat ; question du jeune homme à l'agresseur; réponse de celui-ci qui s'excuse; sa voix tremblante; nouvelle question sur son état, sa position; réponse; cordonnier, femme, quatre enfants; défaut de moyens de subsistance; question sur sa demeure; rue indiquée, maison d'un boulanger; jeune homme conduit vers le lieu; femme de la boutique questionnée sur cet homme, si elle le connaît; réponse conforme à sa déclaration; demeure au cinquième; indigence de la famille; peu de crédit que peut faire le boulanger nouvellement établi; deux pains achetés et remis au cordonnier; ordre de monter chez lui, suivi du jeune homme; effet de la vue des vivres sur sa famille affamée; sortie du jeune homme; argent laissé à la boulangère pour leur fournir du pain; nouvelle visite du jeune homme au bout de quelques jours; son protégé conduit par lui dans une boutique garnie pour son état. On amènera, par un court dialogue entre le jeune homme et le cordonnier, le don de la boutique et d'une maîtrise (1) que le jeune homme achète pour lui.

28. *Le Cheval et le Mouton.* (Fable.)

On décrira une belle matinée de printemps; troupeau de moutons traversant les champs; vieux coursier y paissant; orgueil de celui-ci provenant du souvenir de ses exploits. Il fera au long le détail de sa vie militaire, de son ardeur, de son intrépidité dans les combats, et témoignera l'indignation que lui cause l'idée d'être réduit à paître avec un troupeau de brebis dont il comparera, d'un ton dédai-

(1) La maîtrise était le droit qu'il fallait obtenir et payer autrefois pour exercer un métier.

gueux, la timidité et la vie paisible et obscure avec sa gloire et ses hauts faits; il leur criera de ne point approcher du lieu qui est réservé à ceux de son espèce; vieux mouton qui l'entend; son air soumis, sa réponse; il reconnaîtra la dignité et le mérite du cheval, et combattra son sentiment d'un ton humble; il éloignera toute idée de comparaison entre lui et le cheval, mais ne se refusera pas l'avantage d'être utile; il mettra en opposition les travaux de la paix et de la guerre; l'utilité de sa toison par les ouvrages qui s'en font; le tapis qui couvre le cheval, le drap et ses usages pour le soldat et le général même. Enfin, il comparera l'utilité et le sort de sa chair et de celle du cheval, puis il l'engagera à plus de modestie; il déduira la morale : utilité de chaque chose; orgueil condamnable; justice dans l'opinion sur chaque être.

29. *L'Outrage vengé.*

Prise de Thèbes par Alexandre; pillage; licence; Timoclea, dame de qualité vertueuse; soldats thraces; a maison forcée; meubles, trésors pillés; brutalité, xcès de leur capitaine envers la dame; demande u'il lui fait d'or, d'argent; désir de vengeance de elle-ci; croyance qu'elle lui inspire sur de prétenlus trésors; jardin, puits où elle le conduit seul; comnent le puits devient fatal à l'officier; prise de la lame par les Thraces; conduite à Alexandre; idée vantageuse que sa contenance donne au prince; uestion du roi sur son état; réponse : sœur de Théaène; mort glorieuse de celui-ci, chef des Grecs à bataille de Chéronée; guerre contre Philippe, ère d'Alexandre; motif; liberté de la Grèce; cette réponse cause d'admiration, ainsi que l'action de la dame; sa liberté et celle de ses enfants.

30. *L'Art de donner.*

Officier de naissance, pauvre et sur mauvais cheval, aperçu par Turenne dans son armée; invitation à dîner par Turenne; annonce adroite d'une prière qu'il suppose hardie; vieillesse et incommodité prétextées pour motiver sa préférence de chevaux moins vifs; demande de la cession du cheval comme d'un sacrifice. On fera parler Turenne lui-même. Humble salut de l'officier; son cheval amené par lui dans l'écurie de Turenne; envoi d'un excellent cheval fait le lendemain par Turenne. Courte réflexion sur cette manière de donner.

31. *Le Cheval.* (Description.)

On élevera cet animal au-dessus de tout ce que l'homme a conquis; on remarquera ce qu'il partage de peine et de gloire avec l'homme; son intrépidité; sa familiarité avec le bruit des armes; son ardeur; plaisirs qu'il partage avec l'homme; sa docilité; son courage et sa modération; sa flexibilité par rapport à son guide, auquel il obéit, et aux vues duquel il semble se conformer; abnégation qu'il fait de son existence et de sa volonté; manière dont il prévient et excuse la volonté d'un autre; son dévouement, qui va jusqu'à l'épuisement de ses forces et de sa vie.

32. *Le Danger de mal raisonner.* (Fable.)

Ennui d'un jeune rat chez lui ; résolution de changer de sort et de logement ; sortie furtive ; appartements parcourus ; chambre au lard et aux noix ; absence de chats ; et quand même..... Ici décrire une souricière comme un abri qui doit le garantir de tout accident. On mettra ensuite dans la bouche du rat un raisonnement fait d'après les apparences, qui semblent lui présenter la souricière comme une hôtellerie, entrée et sortie libre ; point de crainte. Ici l'on décrira la fin de son histoire, sa prise, et tout ce qui a coutume d'arriver en pareil cas ; la porte fatale ; l'arrivée du maître et de son chat, etc.

33. *Le Prêt généreux.*

Belle maison construite par le cardinal d'Amboise ; plus d'étendue à désirer pour les jardins ; terre voisine offerte par un gentilhomme ; invitation ; repas du cardinal pour traiter l'affaire ; question du cardinal au gentilhomme sur les motifs de vente ; réponse de celui-ci, dans laquelle il fait entrer le désir d'être protégé du cardinal, d'établir sa fille et de se faire une rente ; représentation du cardinal sur la privation qu'il voulait s'imposer ; autre moyen d'emprunt à longs termes et sans intérêt ; difficultés présentées par le gentilhomme ; offre du cardinal pour le prêt qui devait lui éviter de vendre ; argent compté avec une obligation dont le terme était l'autre monde ; question faite au cardinal par un ami au sujet de cette affaire ; réponse où se trouvent comparées l'acquisition d'une terre et celle d'un ami.

34. *Le Tigre et le Faon.* (Fable.)

Description d'une forêt, où un jeune faon, prenant ses ébats, vivait heureux; son innocence, son peu de défiance; plaisirs, gaîté. Courte réflexion sur le malheur qui suit souvent les moments heureux; elle servira de transition pour amener une catastrophe de ce genre.

Eloignement du faon de ses camarades; tigre attendant près de là sa proie; comment le faon est terrassé; paroles timides de l'innocent, qui fait le récit de sa vie douce et cherche à exciter la pitié.

Regards furieux du tigre; ses reproches sur ce que la forêt étant son domaine, il a troublé son repos à l'ombre; sa méditation sur le bonheur de ses sujets; crime digne de mort.

Réponse du faon; droit égal des animaux à l'ombre accordée par la nature; le lion nommé parmi ces animaux.

A ce nom redouté, fureur du tigre; mort de l'innocent.

Morale adressée à la jeunesse sur la nécessité de l'union, de la prudence et de l'innocence; villes comparées aux forêts; comparaison appliquée aux tigres, aux loups, aux ours; piéges et approches que l'innocence doit éviter.

35. *Le Courage de l'Amitié.*

Captivité à Alger de deux matelots; Espagnol, Antonio; Français, Roger; mêmes travaux; leur amitié; communication de peines et regrets; entretiens sur les douceurs que leur offrirait la liberté, servant d'adoucissement et d'encouragement.

Nature de leurs travaux ; construction d'un chemin ; montagne à traverser ; réflexions et vœux dont l'Espagnol fait un jour part à son ami sur sa patrie et sa famille, en considérant la mer ; femme, enfants à Cadix ; réitérées chaque fois qu'il considérait la mer.

Transport d'amitié qu'excite un jour en lui la vue d'un vaisseau qu'il montre à son ami. En lui adressant la parole, il lui fera remarquer que le vaisseau ne doit passer qu'à deux lieues de ce rivage, parce qu'on en évite l'approche ; proposition faite par lui de conquérir leur liberté ; se jeter à la nage ; réussite ou mort ; paroles affectueuses de Roger, qui regarde le salut de son ami comme un motif de résignation pour lui ; assurance qu'il lui donne de son amitié ; prière qu'il lui fait d'aller trouver son père. Là dessus, l'autre l'interrompra pour lui faire entendre qu'il ne peut vivre sans son ami ; Roger objecte qu'il ne sait pas nager ; mouvement de tendresse par lequel répond l'Espagnol, qui regarde leurs êtres comme n'en faisant qu'un ; courage de l'amitié sur lequel il compte ; ceinture à laquelle il veut que Roger se tienne ; cette idée repoussée par Roger, qui exprime comment il voit la perte de son ami et la sienne ; paroles d'Antonio tendant à le rassurer ; il met en avant son courage, son amitié, sa résolution prise. Ici il s'aperçoit qu'il sont épiés ; cloche sonnant ; adieu qu'il donne à Roger jusqu'au lendemain.

Les deux prisonniers dans leur bagne ; tableau de bonheur dans les idées d'Antonio, d'après son projet ; malheur de son ami que se représente Roger. Exprimer la résolution intérieure qu'il forme de ne point céder au désir d'Antonio, de ne point causer sa mort ; pensée que son père aura de ses nouvelles par Antonio ; regret qu'il exprime de ne pouvoir l'assister dans sa vieillesse ; idée de la dernière extrémité du vieillard désirant son fils ; vœu pour le bonheur d'Antonio, comme motif de consolation. On fera parler Roger lui-même.

Retard éprouvé le lendemain pour sortir de la prison ; impatience de l'Espagnol non partagée par Roger ; sortie ; travaux repris, mais présence gênante du maître ; soupirs et émotion d'Antonio ; arrivée du soir ; les prisonniers seuls ; invitation de l'Espagnol ; refus de Roger ; adieu qu'il fait à Antonio en lui recommandant leur amitié et son père vieux ; adieu accompagné d'un embrassement et de larmes ; son courage relevé par Antonio, qui lui représente l'urgence de saisir l'occasion ; choix qu'il lui laisse de le suivre ou de le voir se tuer entre les rochers.

Nouvelles représentations du Français, auxquelles Antonio ne répond qu'en se jetant avec lui dans la mer. Peindre ce moment ainsi que leurs efforts.

Apparence d'un monstre marin que leur présence offre aux gens du vaisseau ; chaloupe que ceux-ci voient en même temps venir du rivage à la poursuite de ce qu'ils croyaient un poisson ; désir des gardes qui y sont de reprendre les fugitifs ; crainte de Roger pour son ami qu'il quitte ; paroles par lesquelles il énonce la volonté de périr plutôt que de le retarder ; son immersion dans les flots, suivie de celle de l'Espagnol, qui le ressaisit ; leur disparition ; incertitude des gens de la chaloupe, qui les perdent de vue ; barque envoyée du vaisseau ; désir de reconnaître l'objet entrevu ; nageurs aperçus ; leurs efforts et ceux des gens de la barque ; derniers efforts d'Antonio ; son épuisement ; son ami près d'échapper ; barque qu'il saisit de sa main ; cri d'Antonio se mourant à ceux qui les retiennent ; secours qu'il demande pour son ami ; évanouissement de Roger ; son désespoir et ses paroles, lorsqu'en revenant il voit Antonio sans vie ; il s'accuse et veut mourir ; épée qu'on lui ôte des mains ; gens de la barque instruits par lui de leur aventure ; marques de douleur et d'amitié continuées ; persévérance dans le dessein de ne point lui survivre ; soupir d'Antonio, cri de joie de Roger ; secours donnés ; premiers regards du mourant ; ses paroles en apercevant Roger.

Arrivée de la barque au vaisseau ; intérêt général et empressement qu'excitent ces malheureux, revenus du danger ; retour de Roger près de son père ; il est nommé gondolier à Versailles ; l'Espagnol au sein de sa famille ; leur amitié, malgré la séparation ; correspondance par lettres.

36. *Discours de Pacuvius à son fils Pérolla* (1).

Capoue venait de se rendre à Annibal par les intrigues de Pacuvius et malgré l'opposition de Magius qui tenait pour les Romains. Pérolla, fils de Pacuvius, était uni d'amitié et de sentiments avec Magius ; le jour qu'Annibal fit son entrée dans la ville se passa en réjouissances et en festins ; deux frères, qui étaient les plus considérables de la ville, donnèrent à Anni-

(1) On a cru qu'il serait à propos de donner cette matière avec les avis que le célèbre Rollin y a joints pour la composition d'un discours.

bal un repas auquel Taurea et Pacuvius, seuls de tous les Capouans, furent admis ; ce dernier obtint avec beaucoup de peine cette faveur pour son fils Pérolla, dont les engagements avec Magius n'étaient pas inconnus à Annibal, qui voulut bien pourtant lui pardonner tout le passé à la prière de son père. Après le repas, Pérolla conduisit son père dans un endroit écarté, et là, lui montrant une épée qu'il portait à son côté sous sa toge, il lui déclare le projet qu'il avait formé de tuer Annibal, et de sceller par son sang le traité fait avec les Romains ; Pacuvius, tout hors de lui-même, entreprend de détourner son fils d'une si funeste résolution ; parmi les motifs capables de toucher le fils, il s'en présente trois assez naturellement.

Le premier se tire du danger où il s'expose en attaquant Annibal au milieu de ses gardes ;

Le second regarde le père même, qui est résolu de se mettre entre Annibal et son fils, et qu'il faudra par conséquent percer le premier ;

Un troisième se tire de ce que la religion a de plus sacré, la foi des traités, l'hospitalité, la reconnaissance.

Voilà le premier pas qu'il faut faire en composant, c'est de trouver des preuves et des moyens, et c'est ce qui s'appelle en Rhétorique *Invention*, et qui en est la première partie.

Après qu'on a trouvé des raisons, on songe à l'ordre qu'il faut leur donner ; et cet ordre demande qu'elles aillent toujours s'il se peut en croissant, et que les plus fortes soient mises à la fin. La religion n'est pas ce qui touche le plus un jeune homme du caractère de celui dont il s'agit : c'est donc par là qu'il faut commencer. Son propre intérêt, son danger personnel, le touchent bien plus vivement ; ce motif doit tenir la seconde place. Le respect et la tendresse pour un père qu'il faudra égorger avant que d'arriver à Annibal, passent tout ce qu'on peut imaginer ; c'est donc par où il faudra finir. Voilà ce qui s'appelle en rhétorique *Disposition*, et qui en est la seconde partie.

Reste l'*Elocution* qui fournit les expressions et les tours, et qui, par la variété et la vivacité des figures, contribue le plus à l'agrément et à la force du discours.

Détails de ce sujet de composition.

Le père commencera par employer les prières au nom des liens de la nature, pour détourner son fils du crime énorme dont il lui fera envisager les suites. Il lui représentera l'engagement qui vient d'être contracté avec Annibal, l'atrocité de tourner contre lui une main donnée comme gage d'union, et de répondre par un meurtre à l'honneur d'avoir été admis au repas, et à la grâce que lui Pacuvius a obtenue pour son fils. Il feindra de consentir à passer par dessus toutes ces considérations, si leur perte n'est pas inévitable. Ici, il lui représentera tout ce qui entoure Annibal, et par diverses questions lui fera sentir le danger d'attaquer ce général, et l'impression seule que pourront faire sur lui les regards si redoutés du héros. Il lui déclarera qu'il est résolu à le couvrir de son corps, et la conséquence de cette action. Il finira par des prières auxquelles il le conjurera de se rendre.

37. *Ibrahim.*

Bonheur et paix profonde dont jouissaient depuis long-temps les habitants du Schirvan, province de Perse, sous Ibrahim; sage administration de ce prince; bonnes lois, industrie, agriculture, arts; justes récompenses et punitions; tranquillité et abondance; bonheur troublé; approche de Tamerlan, conquérant de l'Asie, avec des troupes nombreuses.

Généreuse inquiétude d'Ibrahim; conseil assemblé, délibération; avis d'Osman, général des armées; son vœu pour la guerre; offres de services, etc.; assurance qu'il donne du dévouement des sujets du prince; menaces contre Tamerlan.

Avis d'Usbec, gardien du trésor; dévouement égal, en cas que la guerre soit le meilleur parti; représentations sur le nombre inférieur des troupes; leur peu d'habitude, vu la paix antérieure; comparaison avec l'armée ennemie, qui possède les avantages contraires; préférence qu'il donne à la paix, mais esclavage à craindre; fuite proposée avec l'enlèvement des trésors; état dépeuplé cause d'éloignement pour les ennemis; exil cessant avec les troubles. On fera parler les deux conseillers.

Opinions partagées; deux partis, courage ou fuite. Ici l'on fera parler Ibrahim.

Eloge qu'il fait du courage; sentiment qui le détourne de la résistance; motif qui lui fait rejeter la fuite; excès à craindre de la part de l'ennemi; meilleur avis sur lequel il compte, et dont il diffère de faire part.

Assemblée dissoute; présents préparés pour Tamerlan; intention d'Ibrahim; usage à la cour de Tamerlan sur les objets à présenter au nombre de neuf; coursiers et leur équipement; léopards dressés à la chasse, colliers d'or, tentes, tapis des Indes, vases; décrire le tout offert par neuf, et le plus somptueusement possible; esclaves au nombre de huit; demande de Tamerlan à ce sujet; réponse d'Ibrahim; paroles par lesquelles il se dévoue et implore la clémence du vainqueur pour son peuple; émotion de Tamerlan; son changement; politesse; éloge de vertu; amitié; invitation de continuer à faire le bonheur de ses peuples; imitation d'Ibrahim qu'il se proposerait, sans son dessein pour d'autres entreprises.

38. *Le Cheval.* (Fable.)

Mal-être qu'éprouve un cheval attaché depuis plus de deux heures à la porte d'une maison; réflexions sur son sort; détails des maux qu'il endure; fardeaux à porter ou à traîner; efforts, comment souvent payés; tyrannie du maître; repas souvent interrompus; plainte sur la manière dont il faut passer sa jeunesse; décrire quel salaire, quel loisir; effet de ces idées; colère, bride rompue; décrire sa fuite jusque dans une forêt; sa liberté; mais sa prompte mort par les loups. Morale; état de servitude comparé à l'indépendance sans sûreté.

39. *Discours d'un vieillard sur les avantages de la vie champêtre.*

Dans une contrée couverte de troupes ennemies; un vieillard retiré dans un vallon solitaire gardait son troupeau; quelqu'un l'aborde et lui demande comment il peut habiter ce séjour sans craindre les fureurs de la guerre.

Le vieillard répondra : que sa famille et ses troupeaux n'ont encore rien eu à souffrir de la guerre. Il dira brièvement à quelles causes il doit cet avantage; elles sont fondées sur l'innocence et la pauvreté. On pourra employer à ce sujet une comparaison tirée des effets de la foudre. Il parlera de son goût pour la pauvreté; de son éloignement pour l'ambition et l'avarice; des craintes dont il est exempt. Il dira quelques mots sur sa vie frugale et les bornes qu'il sait mettre à ses désirs ainsi que ses fils : il décrira brièvement le spectacle de la vie champêtre qui fait son plaisir : il parlera des injustices qu'il essuya à la cour, où durant sa jeunesse son ambition le conduisit en lui faisant quitter son endroit natal : il ajoutera comment il en vint à regretter la vie champêtre, où il a retrouvé le bonheur.

40. *La maison, les amis et les plaisirs d'un Philosophe à la campagne s'il était riche.*

Il décrira en peu de mots et par forme de souhait conditionnel son éloignement pour la magnificence dans une maison de campagne; son goût pour une petite maison rustique, agréablement située; préférence donnée à la tuile sur le chaume et l'ardoise; il la motivera et ajoutera qu'elle est employée dans son pays. Basse-cour en guise de cour, étable et vaches au lieu d'écurie; par goût pour le lait. Potager, verger préférés à un jardin, à un parc. Il dira comment il serait libéral en fait de fruits à l'égard de ceux qui se promeneraient chez lui; choix pour son séjour d'une province propre à favoriser cette intention.

Pour sa société, le choix des amis préféré au nombre ; amis de bon goût quant au plaisir ; femmes actives et sachant partager les plaisirs de la campagne qu'on décrira brièvement. Oubli des airs de la ville ; variétés d'amusements ; avantages résultant de l'exercice, de l'activité et de la gaieté, pour l'appétit et le goût dans les repas. Simplicité dans le service, et choix de divers lieux indiqués comme pouvant servir de salle de repas. Transports des objets par les convives ; ce qui servirait de chaises, où se trouverait le dessert. Façons interdites ; familiarité, enjouement remplaçant dans de justes bornes la contrainte, la politesse affectée ; absence de laquais ; dire en peu de mots les désagréments qui résultent de leur présence ; comment on s'en passerait ; repos pris en mangeant durant la chaleur ; soulagement qui serait donné à quelque pauvre paysan venant à passer ; impression que cela ferait sur le philosophe qui parle. Son empressement pour les fêtes champêtres ; invitation qu'il recevrait aux mariages des voisins ; ses dons simples aux mariés ; franchise et vrai plaisir en échange ; sa gaieté au souper ; refrein de chanson répété par lui ; sa préférence pour la danse dans la grange sur celle du bal de l'Opéra.

41. *Discours de Tancrède à Renaud.*

Par suite d'un différend Renaud a tué en duel Gernand, prince de Norvège ; il apprend que Godefroi, chef de l'armée, veut punir cet attentat ; déjà revêtu de ses armes, ce fier coupable se dispose à repousser la violence qu'on lui prépare. Tancrède tâche, par le discours suivant, d'amollir son farouche courage, et de le déterminer à quitter l'armée momentanément.

Il flattera d'abord son amour propre par un court éloge de sa bravoure; il ajoutera adroitement qu'il n'est pas à souhaiter que l'armée en fasse l'épreuve; il lui représentera sur qui il veut décharger sa fureur; et si l'opinion et le préjugé doivent l'emporter sur des considérations plus solides; il l'engagera au nom de leur dieu commun à triompher de lui-même; il repoussera l'idée de lâcheté. Il citera en termes modestes un exemple de sa propre modération; l'ambitieux Baudoin sous le voile de l'amitié avait voulu lui enlever la Cilicie qu'il avait conquise; il la laissa plutôt que de prendre les armes contre des chrétiens. Il ajoutera que pour lui épargner la honte de la punition, il se chargera de le défendre auprès de Godefroi, et l'engagera à se retirer dans Antioche, en lui faisant entrevoir que quelque circonstance pourra faire regretter son bras, et qu'alors on sentira tout le prix de sa personne.

42. *Lettre d'un Philosophe à un jeune homme qui demandait à s'établir près de lui pour profiter de ses leçons.*

Il s'excuse sur son incapacité, et sur les maux et les occupations qui l'accablent; il se dira honoré de la demande, et en louera le motif; il passera de là au peu de nécessité du voyage pour la recherche de la morale; il fera entendre comment la conscience consultée peut donner des avis; que la science de la vertu est simple, qu'elle dépend de la volonté, d'où s'ensuit le bonheur; il le détournera de la vie contemplative, regardée comme paresse de l'âme; il appuiera sur l'exclusion de la méditation et des contemplations en insistant sur l'agrément de la vie laborieuse pour l'homme de bien. Il l'engagera au travail dans son état; lui conseillera le retour en province, si la capitale peut mettre obstacle aux devoirs et à la vertu. Soins à donner aux parents, considérés comme vraie manière de remplir ces devoirs. Poursuite de la fortune à Paris moins aisée que la tolérance de la vie dure de la province, vu les mauvais succès des intrigues. Genre de vie paternel non à dédaigner; tolérance de tout sort rendu facile au moyen de certaines qualités qu'on développera. Le philosophe terminera en proposant ces avis comme étant ceux que le jeune homme recevrait auprès de lui; il exposera sa crainte qu'ils ne soient pas suivis; le repentir qu'en amènerait le mépris; il souhaitera que le contraire ait lieu.

43. *Discours de Satan aux Divinités de l'enfer pour les animer contre l'armée des Chrétiens.*

A la vue du zèle qui anime l'armée des Chrétiens qui veulent exterminer les Infidèles, Satan songe à réunir sur leurs têtes les plus terribles fléaux. Il convoque les divinités infernales qui secondent ses fureurs[1], et leur tient le discours suivant.

Il flatte leur orgueil en leur disant qu'ils méritent mieux un autre séjour que celui où ils se trouvent par suite de la grande révolution; il leur représente adroitement la conduite offensante de l'Etre suprême qu'il regarde comme leur oppresseur : ses soupçons, ses dédains; il comparera la situation de Dieu à la leur, en faisant entendre que toute la différence provient des circonstances ; il peindra ses peines augmentées par l'idée du bonheur de l'homme dont il parlera avec envie et mépris ; il considérera la venue du fils de Dieu comme une vengeance ; il se plaindra des torts qu'il leur a faits en leur enlevant les âmes des premiers justes lors de sa descente aux enfers. En rappelant d'une manière vague les anciens affronts, il dira quel effet doivent produire les nouveaux, parmi lesquels il comptera le désir qu'a l'Eternel d'attirer tous les peuples à son culte ; il excitera leur courage en représentant les effets de cette ambition, tels que l'accroissement de la gloire de leur ennemi ; leurs idoles renversées, plus d'asile pour eux, leur roi sans domaine ; il leur représentera en dernier lieu qu'ils sont ce qu'ils étaient ; que s'ils ont été vaincus, ce ne fut pas faute de courage, et qu'il leur reste la gloire d'avoir tout osé, et de n'avoir pas succombé à leur malheur. Il les congédiera en leur recommandant d'employer la force et la ruse pour exterminer l'ennemi.

44. *Les deux Chiens.* (Fable.)

Complaisance d'un bon mari pour sa femme ; entre autres présents, jeune chien qu'il lui apporte ; détailler de quoi il est le symbole ; sa gentillesse ; les caresses et les soins dont Bijou est l'objet ; comment il les méritait ; décrire ici ses petits talents ; dire comment il enlaidit en grandissant ; ses membres qui grossissent ; indices qu'il offre d'un gros chien de troupeau ; dégoût de madame pour lui, rebuts qu'il en éprouve ; caresses qu'il oppose à ces mauvais traitements ; Pataud (c'est ainsi qu'elle le nomme maintenant) chassé à la cour ; sa dégradation ; détailler ses privations, le changement de nourriture et de compagnie ; réflexions philosophiques qu'on mettra dans la bouche de Pataud ; il ne doit plus être délicat ; sa laideur lui coûte cher ; le destin est inconstant pour tout le monde ; sagesse et courage motifs de consolation. Jolie levrette donnée à madame par monsieur ; décrire la finesse de toutes les parties de son corps ; Zéphyrette, chienne accomplie, mise au-dessus de tous les animaux de son espèce ; légèreté ; espièglerie ; bon cœur.

L'été passé à la campagne ; sommeil des gens de la maison ; deux voleurs s'introduisant par le jardin ; peindre leur marche dans la crainte qu'inspire le crime ; effroi que la nuit, le clair de lune, le bruit des feuilles excitent en eux ; peindre l'attention de Pataud, et toute l'attitude et les actions d'un chien qui entend du bruit ; sa fureur. Ici on décrira assez au long le combat qui s'engage entre le chien et les voleurs, dont l'un est armé d'un glaive ; victoire restant à Pataud malgré ses blessures ; réveil ; alarme ; armes prises aux cris de Pataud ; arrivée de tout le monde et de Zéphyrette ; décrire le spectacle du champ de bataille, les hommes et l'animal mourants ; caresses faites par Zéphyrette aux voleurs ; à cette vue regrets du maître sur sa conduite envers Pataud, et la préférence donnée à l'ingrate Zéphyrette ; repentir qu'il exprime ; caresse et dernier soupir de Pataud expirant.

Morale sur le flatteur intrigant et l'homme de mérite.

45. *Discours du maréchal de Biron à Henri IV.*

Ce prince se trouvant avec peu de troupes aux environs de Dieppe, était pressé par une armée de trente mille hommes; comme on lui conseillait de se retirer en Angleterre, on suppose que le maréchal de Biron lui tient le discours dont voici la teneur :

Il se récrie sur le conseil par lequel on veut lui faire quitter ce qu'il doit conserver; il lui représente ce qu'il lui faudrait faire pour pénétrer en France, s'il n'y était pas; pour mieux repousser l'idée contraire, il mettra en opposition le but que les ennemis se proposent dans leurs efforts, avec le résultat du conseil que lui donnent ses amis; impossibilité de retour, vu sa situation, pour peu qu'il sorte de la France; il diminuera le péril à ses yeux, en représentant que ceux auxquels ils ont affaire ont été assiégés par eux dans Paris; leurs divisions. Il affermira le prince dans l'idée de vaincre ou périr, qui sera détaillée selon les circonstances, qui sont l'acquisition d'un royaume, la honte de la fuite et de ses suites; il lui représentera en termes énergiques que son empressement à compter sur le secours de l'Angleterre, éloignera de lui ce secours; effet que produira sa présence au port de la Rochelle, s'il s'y présente comme quelqu'un qui prend la fuite, il mettra en parallèle la confiance due aux risques de la mer et aux intentions de l'étranger avec celle que méritent les braves qui lui sont dévoués; il terminera en lui faisant pressentir adroitement la défection que la défiance peut occasioner.

46. *La Fuite du Collège.*

Le narrateur commencera par exprimer ses regrets au collége, à l'âge de neuf ans, pour la maison paternelle ; sa résolution de sortir du collége ; peindre en peu de mots le portier ; comment il s'échappe ; sa liberté ; embarras pour un asyle ; ses craintes ; retraite dans la campagne ; bois vaste ; chêne touffu, sommeil cherché vainement aux pieds du chêne ; faible lumière aperçue ; son accroissement et son approche ; frayeur de l'écolier ; cime de l'arbre choisie pour asyle, servant d'observatoire ; vue de la lumière ; vingt brigands qui la suivent ; l'un traîne un baril, l'autre porte un mouton ; leur marche vers l'arbre choisi par eux comme par l'écolier ; feu allumé ; mouton à la broche ; situation de l'enfant ; sa crainte ; vent, fumée poussée à son nez ; éternuement ; son effet sur les brigands ; question du chef ; ordre de descendre ; silence de l'enfant ; violence qu'emploie le chef ; éclats de rire de la troupe à la vue du jeune écolier ; questions ; réponse naïve ; l'enfant rassuré. Il peindra la cuisson du rôti, le repas, la boisson ; baril vidé ; départ décidé ; embarras qu'occasione l'enfant ; consultation ; raisons données par le premier opinant pour la mort de l'écolier ; suffrages presque emportés ; discours plus humain du chef ; pitié qu'il excite ; moyen proposé, vu ce que l'on peut craindre ; baril indiqué comme prison, où l'on doit l'abandonner ; exécution du projet adopté ; le narrateur la peindra en peu de mots, ainsi que l'éloignement de la troupe. Sa position ; seul moyen de respirer ; désespoir. Décrire, avant de nommer les objets, l'approche d'un renard attiré par là ; l'effet de sa queue passant sur le trou du baril où se trouve la bouche de l'écolier ; queue saisie de sa main ; fuite du renard ; baril traîné ; chocs divers ; espérance du prisonnier ; comment s'opère ainsi la délivrance de l'un et de l'autre. Il peindra sa surprise à la vue du premier objet qui s'offre à sa vue ; demeure de sa mère ; son espoir à cette vue ; comment il est trompé dans son attente malgré son récit ; intentions de la mère ; étrivières ; conduite au collége par un domestique à cheval ; morale convenable mise dans la bouche du narrateur. (Style simple et léger).

47. *Discours de Véturie à Coriolan.*

Coriolan banni de Rome, sa patrie, s'était retiré chez les Volsques, la vengeance dans le cœur. Bientôt élu leur général, il s'approche de Rome pour en faire le siége, après en avoir ravagé le territoire. Après qu'il a refusé d'entendre plusieurs députations, Véturie, sa mère, vient le presser d'éloigner ses troupes, en lui représentant qu'il peut, sans manquer à ce qu'il doit aux Volsques, ménager une paix également avantageuse aux deux nations.

D'abord elle lui fera sentir que le désir de la vengeance peut seul lui faire rejeter les propositions qu'elle lui fait ; ensuite la gloire et l'existence d'une mère seront les principaux mobiles qu'elle emploîra. Accueil et honneurs qu'elle recevra dans la supposition de la paix et de la réconciliation ; bonheur qu'elle pourra alors espérer même après sa vie. Ses droits aux Champs Élysées, espérance d'une récompense qui la rapprochera des dieux, vu le salut de Rome dont elle sera la cause. De ces idées, suites de la première supposition, elle passera à la supposition contraire. Elle lui demandera quel sera son sort, s'il persiste, etc. Ici elle fera le tableau des effets de la haine de Coriolan, des ravages de la guerre. Par de vives interrogations elle cherchera à réveiller en lui les impressions que doivent faire sur son cœur la vue du pays natal et de l'enceinte de Rome. Elle lui fera pressentir la honte dont un refus la couvrira. A l'appui de ces raisons elle ajoutera la déclaration du projet qu'elle a formé de se tuer en sa présence, et ce qu'on peut joindre de révoltant à cette idée. Elle lui représentera le funeste sort qui attend sa femme et ses enfants si Rome est dans la captivité.

Ici l'on peindra sous la forme narrative l'incertitude de Coriolan agité par diverses passions; l'impression que fait sur lui ce discours. Véturie pour le déterminer lui rappellera ses soins maternels; elle lui représentera qu'il va se souiller du crime même qu'il veut punir; elle repoussera loin d'elle l'idée de conseiller une trahison envers les Volsques; elle demandera seulement l'éloignement des troupes, une trêve d'un an pour travailler à la paix. Elle terminera par des supplications au nom de ce qu'il y a de plus sacré, et attirera les regards de son fils sur sa posture suppliante. (Style pathétique et touchant.)

48. *Pensée d'un Philosophe sur l'idée que l'âme n'est point matérielle.*

Sa première idée est *qu'on est heureux quand on est juste ;* il dira qu'elle est le résultat d'un examen intérieur; il observera que le contraire a lieu dans l'ordre des choses durant cette vie; indignation que cette idée nous cause; murmures intérieurs auxquels elle donne lieu contre le créateur.

Il fera parler ici l'Etre suprême s'adressant à

un citoyen vertueux prêt à se donner la mort par désespoir; il le reprendra de ce qu'il croit que la vertu n'est rien au moment de jouir du prix de la sienne, et lui fera envisager une autre vie ou il sera récompensé. »

Il blâmera les murmures des hommes qui croient devoir être récompensés avant de l'avoir mérité ; il indiquera la conduite opposée que nous devons tenir, et appuiera cette idée d'une courte comparaison.

Après avoir avancé ensuite que, si l'âme est immortelle, la providence se trouve justifiée; pour preuve de cette idée, il se contentera de cette considération ; que le triomphe du méchant et l'oppression du juste sur la terre sont dans la nature un désordre qui doit tôt ou tard cesser d'exister.

49. *Pensée d'un homme de bien sur la mort.*

Il dira comment la mort est ordinairement considérée par les hommes ; par quelles raisons elle doit être un mal pour l'impie, pour l'homme sans conduite, pour le méchant sans repentir, pour l'homme inutile; il détaillera en peu de mots ces divers caractères; il leur opposera ensuite ceux de l'homme religieux, de l'homme bienfaisant, du juste pour lesquels la mort est un avantage.

Il se demandera ce qu'elle aura de terrible pour lui, en considérant les efforts qu'il aura faits pour être utile, et le regret qu'il aura de ses fautes; juste idée qu'il se fait de Dieu; regrets qu'il espère de ses concitoyens, de son roi (c'est un ministre disgracié qui parle), peut-être de ses ennemis, vu l'absence des idées de rivalité, et le bien qu'il avait intention de faire ; il représentera les regrets d'enfants qui lui sont chers, les derniers devoirs qu'ils lui rendront, leurs paroles sur sa fin qu'ils considéreront comme un bonheur pour lui, vu une autre existence. Il terminera en résumant comment la vie n'est point un fardeau, et comment la mort n'est point un mal.

50. *Le Cheval d'Espagne.*

Éducation et sort heureux d'un cheval d'Andalousie chez un fermier ; intérêt qu'il inspire à tous les gens ; surnom de *Favori* ; détail des soins qu'il reçoit ; gratifications et caresses des fils de la fermière ; promenades faites avec lui ; attention de Favori pour le jeune cavalier ; comment, à l'âge de trois mois, il devient la monture de la fermière ; décrire cela en peu de mots, ainsi que les fonctions du coursier, et la récompense qu'il recevait de Fanchette ; ingratitude de Favori à l'âge de quatre ans ; ses murmures sur sa condition ; sa charge ; désir de changer de sort ; réflexion sur l'orgueil ; sortie de Fanchette avec lui pour le marché ; besoin de s'arrêter et de descendre ; fuite de Favori ; la décrire, ainsi que le dégât qu'il fait.

Surprise, chagrin de Fanchette ; son retour, son récit, deuil de la ferme ; regrets, enquêtes inutiles ; espoir de Fanchette ; course de Favori ; rencontre d'un régiment de cavalerie ; sentiments que cette vue inspire au coursier ; effet qu'elle produit sur lui, ainsi que le son de la trompette ; approche du cheval ; caresses du colonel ; parure militaire, la décrire ; nouvelle charge de Favori ; son air ; son impatience ; satisfaction qu'il exprime de ce nouvel état ; en quoi il place le bonheur ; désir de se mirer dans l'eau.

Avis d'une attaque de nuit donné au chef garde disposée ; joie de Favori ; son zèle ; jeûne soutenu ; l'affaire annoncée remise pour le lendemain ; Favori de la partie ; éloignement de l'ennemi ; patience du coursier, quoiqu'encore à jeun ; marche durant le jour et la nuit suivante ; fatigue ; soupir ; courage soutenu par l'amour de la gloire ; attaque du régiment par l'ennemi ; résistance inutile, vu la fatigue ; défaite ; mésaventure de Favori blessé, laissé sur le champ de bataille ; crime dont il s'avoue coupable et dont il regarde son malheur comme une expiation ; ses regrets pour Fanchette ; retraite de l'ennemi après le carnage ; décrire en peu de mots ; meunier passant par là le lendemain ; soins donnés à Favori ; guérison, travaux exigés en échange ; mauvais traitements ; nouveaux regrets, la crainte enchaînant ses gémissements ; excès de maux ; souhait de la mort.

Écuyer du roi parcourant la contrée ; Favori aperçu dans ses fonctions ; air de grandeur remarquable ; le décrire au moyen d'une comparaison ; proposition de l'écuyer ; achat ; conduite au palais du roi ; ici faire parler le cheval sur le bonheur qu'il se promet ; il fera les détails des occupations et des soins qui vont devenir son partage ; son entrée à l'écurie ; soins qu'il reçoit à détailler ; éclat et embonpoint revenus, etc. ; bonheur de peu de durée ; oisiveté complète ; ennui ; mal-aise ; tristesse ; manque d'appétit ; dégoût ; justes réflexions qu'exprime Favori sur la gloire et la grandeur, par rapport au bonheur ; extrémités que le bonheur fuit ; ce qu'il cherche ; pensée en faveur de Fanchette.

Surprise du cheval à la vue de nouveaux ornements qu'on lui prépare ; entrée que doit faire le fils du roi ; description du riche harnois ; honneurs sagement considérés par Favori ; cortége de l'infant ; femme qui frappe les regards du cheval, qui ?..... reconnaissance ; larmes de joie de part et d'autre ; désir de l'infant de connaître l'histoire ; court récit de Fanchette ; attendrissement du prince ; généreuse reddition du cheval, accompagnée de paroles de bonté remarquables ; Fanchette montée sur Favori ; retour à la ferme pour toujours ; morale convenable.

51. *Lettre d'un Père à son fils, sur l'existence de Dieu.*

Il dirigera les regards de son fils vers le spectacle du monde ; ordre et rapports de toutes les parties ; union des éléments ; saisons ; êtres en harmonie ; justes proportions qui embrassent l'univers ; distances prodigieuses des corps célestes ; décrire ici le spectacle des astres ; leur mouvement régulier ; l'ordre et l'enchaînement qui existent entre ces corps, et dont dépend leur conservation.

Le père invitera ensuite le fils à passer du spectacle des plus grandes choses aux plus petites ; les plus petits insectes ; détailler comment tout ce qu'il y a dans de plus grands corps se trouve en eux ; observer toutes les fonctions animales qui s'y opèrent, et remonter de toutes ces merveilles à l'Être-Suprême qui en est la source.

Le père invitera ensuite son fils à observer les objets qui l'environnent ; les divers animaux de l'air, de l'eau ; les insectes et leur prévoyance ; le changement remarquable qui s'opère dans le ver à soie ; ce qui se passe dans les plantes, les arbustes, la semence, le pepin ; la structure du corps humain ; l'ordre qui règne partout ; la fleur, la feuille, la plume offriront des moyens de considérer les soins du créateur ; l'art sera comparé à la nature ; résultat contraire auquel donne lieu l'examen de l'un et de l'autre ; il terminera en parlant de l'admiration que doit exciter un tel arrangement dans des causes et des effets si nombreux, et concluera que l'ordre est la première loi du ciel.

52. *La Fidélité mal récompensée.*

Crainte d'un riche seigneur, dont l'âge s'avançait, de ne pas laisser d'enfants pour soutenir sa noblesse ; vœux exaucés ; naissance d'un garçon ; fête ; nourrice et deux femmes chargées du soin de l'enfant ; mariage dans les environs ; jeux ; courses de chevaux pour fêter les jeunes époux ; affluence des spectateurs ; départ du seigneur et de sa femme pour la fête ; garde de l'enfant confiée aux trois femmes dont on a parlé ; le jeune chien Titon restant au logis ; ennui ; curiosité des gardiennes ; décrire comment le nourrisson est endormi ; tour du château du haut de laquelle la fête est examinée ; gros serpent s'avançant des fentes d'un mur vers la salle et le berceau où l'enfant dort ; décrire l'animal, sa marche, ainsi que l'appât que lui offre une telle proie, et l'ardeur avec laquelle il s'y porte. Ici on représentera le chien attentif sur un lit, sa vigilance, sa rapidité pour arrêter le serpent, la lutte qui s'engage ; chute du berceau par suite du choc, mais de manière que l'enfant en est couvert sans mal et sans s'éveiller ; décrire la victoire de Titon ; ses efforts inutiles pour relever le berceau ; sa place qu'il reprend ; retour des femmes ; leur saisissement à la vue des apparences qui se présentent ; horreur et soupçon que leur inspirent le sang et le chien ; leur fuite ; rencontre de la maîtresse; question sur l'enfant pour lequel elle tremble; posture suppliante et récit de la nourrice; chien déclaré auteur de la prétendue mort de l'enfant; évanouissement de la dame; arrivée du mari; question; réponse de la dame; mari dans la même erreur; sa surprise; son arrivée sur les lieux; décrire l'accueil caressant de Titon malgré ses blessures; fureur du maître à la vue de son museau ensanglanté; chien tué; réveil et cri de l'enfant; empressement du père; effet de la vue de l'enfant cru perdu; appel; arrivée de la mère; inquiet examen de celle-ci; joie de tous; recherches faites; vue du serpent; preuves de l'action de Titon; faute reconnue; regrets; expiation; honneurs funèbres; épitaphe convenable gravée sur la tombe.

PLAIDOYER

SUR LA PERTE D'UN NEZ, D'UN BRAS, D'UNE JAMBE ET D'UN OEIL.

Discours préliminaire du Juge (1).

Quel heureux changement de scène et d'acteurs offre un nouveau spectacle dans le palais de Thémis! Aujourd'hui de généreux rivaux semblent préférer au fracas des armes le tumulte du barreau. Accoutumés à suivre les drapeaux de Mars, ils se rangent au pied des tribunaux de la justice: ils y paraissent,

(1) Ce morceau n'est point une matière à amplifier; c'est l'exposé de la question à résoudre.

non comme la plupart des hommes pour solliciter contre un ennemi la sévérité de nos arrêts, mais pour se disputer la gloire d'avoir le plus souffert pour la patrie. Quelle plus noble émulation pouvait s'emparer de ces braves guerriers ! Or, pour établir le fond de la contestation, il faut d'abord développer en peu de mots le sujet qui l'a fait naître.

Philandre, vieil officier, eut quatre amis engagés comme lui dans le service, qui, également courageux, l'aimèrent également et ne différèrent entr'eux que par la différence des blessures qu'ils avaient reçues.

Dans ses dispositions testamentaires, Philandre a laissé par un codicile quatre legs d'une valeur inégale, pour être distribués à ses amis, suivant la grandeur de la perte qu'ils ont faite. Il abandonne cette décision à notre équité : il s'agit donc de savoir en quel rang nous devons placer les divers malheurs qu'ils ont essuyés. La disposition des legs suivra cet arrangement ; mais, avant que de prononcer, écoutons les quatre avocats qu'ils ont choisis : ils nous feront connaître les motifs sur lesquels ces braves concurrents appuient leurs prétentions.

53. *Discours de Nasicobole qui a perdu le nez.*

Il parlera d'abord des dangers auxquels s'est exposé dès l'enfance son client déjà avancé en âge ; il représentera combien doit lui coûter sa gloire ; il témoignera le désir de pouvoir peindre par l'éloquence le courage de Nasicobole et son malheur dans la dernière bataille ; description du combat et de la valeur qu'il y déploie, mais au moment où il se signale, son nez comparé à un vieux chêne..... Ici peindre la catastrophe; il montrera combien cette perte doit être sensible en comparant ce nez parfait à ceux auxquels il était loin de ressembler; il ajoutera qu'il ne prétend point déprimer ces différents nez; mais comment pourraient-ils soutenir la comparaison avec celui dont il fera la description. Pour toucher ses juges, il remontera à la conduite de la nature qui a donné doubles les membres perdus par ses adversaires, et s'est ici bornée à l'unité; il passera ensuite à l'examen de la perte de ses rivaux; en présentant l'idée sous laquelle ils peuvent paraître dans le monde, idée bien différente de celle que peut inspirer Nasicobole; il s'appuiera de l'histoire qui n'offre pas une perte semblable; il décrira les effets désagréables produits par son accident; railleries; privation des lunettes dans le cas où sa vue s'affaiblit; décrire ce précieux instrument; non, ce n'est plus pour lui, etc.; ici la privation du tabac, dont on décrira les heureux effets et l'utilité; ce n'est plus pour lui que..... ; ici privation des tabatières; ce n'est plus pour lui..... ; ici privation des plaisirs de l'odorat. Description des charmes de la société; ils sont nuls pour Nasicobole qui est un objet de dégoût; insister sur ce que la solitude lui est d'autant plus dure qu'il réunit toutes les qualités physiques et morales, qui en font le charme et dont on fera la description; terminer en faisant ressortir son malheur, qui doit lui valoir plus qu'à tout autre les faveurs consolantes de la justice.

54. *Discours pour Dorimène qui a perdu une jambe.*

L'orateur, après quelques éloges donnés à l'art qu'a su déployer celui qui a parlé avant lui, promettra de s'attacher plutôt à convaincre qu'à charmer ; il comparera le corps humain à un édifice ; il désignera l'architecte, et trouvera, dans les parties qui font l'objet du jugement, les ailes, les ornements et l'appui ; en entrant dans quelques détails sur les dégradations que peut éprouver un édifice, il fera ressortir celles qui peuvent le mieux faire valoir sa cause ; il fera l'application de la comparaison à l'état de Dorimène, son client, et ajoutera une courte description du moment qui lui a été fatal. Il paraîtra négliger de dépeindre les agréments de la jambe perdue, tout en parlant de ceux que cet objet peut avoir, et fera entendre adroitement que la nature accorda plus de soins à l'âme de son client qu'à l'objet en question, qui cependant n'en était pas moins utile. Il attachera peu d'importance aux agréments de la beauté plus faits pour le damoiseau que pour le guerrier, et mettra leur éloge au-dessous de l'intérêt que doit inspirer le malheur de son client ; il atténuera le secours que l'on peut tirer de la jambe postiche la mieux faite ; il prouvera même l'inutilité de ce secours par l'histoire d'un pauvre vieillard endormi, surpris par le feu dans sa cabane, trouvant à son réveil sa jambe de bois à demi consumée, et près de périr sans des secours étrangers ; de cet accident, rare à la vérité, il passera à d'autres dangers auxquels une jambe de bois peut exposer, et parlera des craintes dont une telle existence peut être accompagnée; au sujet des plaisirs dont on a représenté Nasicobole privé, il décrira un bal masqué auquel celui-ci prendra part, tandis que Dorimène sera privé. Il ajoutera, pour dernier trait d'infortune, la manière dont une épouse impérieuse profite de cet accident, en enfermant la jambe de bois de son mari, quand il s'oppose à ses volontés, et terminera en implorant la compassion des juges en sa faveur.

55. *Discours pour Philomer qui a perdu le bras droit.*

Il mettra d'abord sous les yeux des juges les combats de mer livrés dans la dernière guerre avec divers succès entre la France et l'Angleterre; il décrira l'action terrible engagée entre le vaisseau monté par Philomer et deux vaisseaux ennemis, la victoire qui lui reste, et la perte dont il est affligé; il amènera à la suite de cette description le retour de ce guerrier dans sa famille, et fera le tableau de l'affliction de ses enfants au moment où ils vont se jeter dans ses bras; surcroît de peine que leurs larmes ajoutent à celle qu'il éprouve; il entrera dans le détail des divertissements de la vie dont Philomer est privé, vu les talents agréables qu'il réunissait; il décrira ses goûts pour la campagne, la culture des jardins; son habileté pour les instruments, et la lutte qui s'établissait souvent dans un bocage entre lui et le rossignol; les plaisirs de la chasse dont il est également privé; il passera de là à un plus grand sujet d'affliction, celui de ne pouvoir plus servir comme militaire; ici, il représentera Nasicobole et Dorimène à cheval au milieu des exploits glorieux d'une campagne, et Philomer gémissant de ne pouvoir en partager le mérite; il citera le trait d'un officier qui, venant de perdre une jambe artificielle, s'en consola par une autre qu'il avait dans sa valise.

Il comparera à un vieillard muni d'un fer inutile Philomer que sa perte peut désormais exposer à des affronts dont la vue de son bras l'aurait pu garantir.

Il décrira avec détail les avantages de l'écriture, de ce commerce inventé par l'amitié, et dont Philomer est privé; il détruira adroitement l'objection du secours d'une autre main.

Il finira par chercher à intéresser les juges en attirant leur attention sur le membre qui tient la balance.

56. *Discours pour Monoc qui a perdu un œil.*

L'orateur commencera par faire juger de la grandeur d'une perte par le prix de l'objet perdu; il entrera dans le détail bizarre de l'accident de Monoc qui a perdu l'œil dans l'attaque d'une lunette (1). Il avait eu ses deux yeux pour voir le péril, il ne lui en resta plus qu'un pour voir ses succès.

Il s'attachera à faire connaître le prix de l'œil en faisant la description de cet organe; membranes, artères délicats, fibres déliés; il passera ensuite aux secours que l'âme en tire pour exprimer les diverses

(1) On appelle ainsi une espèce de demi-lune, partie de fortification.

sensations qu'elle éprouve ; il montrera les membres comme subordonnés à l'œil, le nez lui-même servant à porter les lunettes.

Il parlera ensuite de l'influence du coup-d'œil dans le combat, et dira comment l'œil y est aussi redoutable que le fer.

Il décrira ensuite la manière dont le sommeil amène les songes, et les douces illusions qu'ils présentent au sens de la vue.

Par une transition modeste sur l'insuffisance de son talent à décrire, il en viendra à exalter l'avantage de posséder l'œil, et en tirera la conséquence ; il s'appuiera du témoignage de Philomer qui jouit d'une nombreuse postérité ; il peindra sa prédilection pour un de ses fils, qui la mérite, et amènera à son avantage la citation d'un mot qui exprime le prix de l'œil.

Objection plaisante faite sur le sort de Monoc, moins déplorable que celui des autres parce qu'il a moins pleuré ; il la tournera à son avantage, en détaillant comment une douleur qui peut moins s'exhaler est plus vivement sentie ; il terminera en représentant les inquiétudes que doit éprouver celui qui est déjà privé d'un œil, et en appellera à la raison et à l'équité des juges.

57. *Discours au nom des Juges après celui des quatre Orateurs.*

Nous laissons pour servir d'exercice au jugement des élèves, la décision sur les droits des concurrents que chacun pourra régler dans un discours dont la forme pourra être celle-ci :

Celui qui parlera au nom des juges, peindra d'abord leur embarras, naissant de l'impression faite par les diverses raisons apportées par les orateurs. Il pourra employer à ce sujet une comparaison tirée de l'embarras où se trouve un jeune enfant séduit par la vue d'une multitude d'objets proposés à son choix.

Il déplorera la situation des concurrents à chacun desquels il voudrait pouvoir donner la préférence.

Il insistera sur les intentions du testateur, qui sont d'avoir égard plutôt à la situation plus ou moins déplorable qui résulte de l'accident pour chaque concurrent, qu'à la privation de certains plaisirs de la vie. Après avoir parlé de la confiance qu'a dû inspirer naturellement à chacun le sentiment de sa propre situation, il cherchera à assigner aux diverses raisons un rang suivant leur validité; pour cela, il fera un résumé des principales raisons données par les orateurs, en faisant d'abord ressortir celles auxquelles il donnera la préférence, et l'adjudication du premier legs, consistant en une maison de campagne de 15,000 fr.; il fera valoir ensuite celle du second degré, et adjugera le second legs; une montre enrichie de diamans, 12,000 fr.; suivront, pour le troisième, une bibliothèque de 10,000 fr.; et pour le quatrième, un cabinet de curiosités de 8,000 fr.

Il pourra motiver ses raisons dans l'adjudication de chaque objet, suivant l'utilité qu'en pourra tirer chaque adjudicataire.

NOTIONS PRINCIPALES
DE
VERSIFICATION FRANÇAISE.

L'assemblage des mots suivants :

> Lorsque l'oreille est blessée, la pensée la plus noble et le vers le mieux rempli ne peuvent satisfaire l'esprit,

forme une phrase en prose ; mais lorsque Boileau donna à cette phrase la tournure suivante :

1 2 3 4 5 6 7 8 9 10 11 12
Le vers le mieux rempli, la plus noble pensée
1 2 3 4 5 6 7 8 9 10 11 12
Ne peut plaire à l'esprit, quand l'oreille est blessée.

il fit ce qu'on appelle des vers.

En examinant la structure de ces vers, on verra

1° qu'ils sont composés de douze syllabes ;

2° que les deux dernières syllabes offrent une convenance de sons : c'est ce qu'on appelle la *rime ;*

3° que l'*e* muet final des mots *plaire* et *oreille* se trouve mangé par la voyelle initiale du mot qui le suit, et ne compte pour rien dans le nombre des syllabes : c'est ce qu'on appelle *élision*,

L'*e* muet s'élide devant une voyelle ou un *h* non aspiré ;

4° qu'à la sixième syllabe il se trouve un repos : ce repos se nomme *césure* ; il partage le vers en deux parties qu'on nomme *hémistiches*.

Les vers de douze et de dix syllabes, à raison de leur longueur, ont seuls une césure ; elle doit se trouver à la sixième syllabe dans les vers de douze, et à la quatrième dans ceux de dix syllabes ; elle doit être autorisée par le sens :

> Que toujours en vos vers, – le sens coupant les mots,
> Suspende l'hémistiche, – en marque le repos. BOILEAU.

De bons auteurs se sont quelquefois écartés de cette règle, en faveur de l'harmonie.

1. Les vers français peuvent être composés de 12, 10, 8, 7, 6, 5, 4, 3, 2 syllabes : on place même une syllabe en guise de vers. Les vers de 11 et de 9 syllabes sont rarement en usage.

2. L'*e* muet qui termine un vers ne compte pour rien dans le nombre des syllabes.

3. La rime terminée par un *e* muet, soit seul ou suivi de *s* ou de *nt* est *féminine : âme, blâme, fables, tables, couchent, touchent.*

4. Toute autre terminaison, y compris néanmoins la finale *oient* ou *aient*, forme une rime *masculine.*

5. Formée par deux sons parfaitement semblables, la rime est *riche : poison, toison, pensée, sensée.* L'*e* muet ne compte pas pour un son.

6. Formée par un son plein, la rime est dite *suffisante : maison, toison, tombe, bombe.*

7. Les syllabes longues ne riment pas bien avec les brèves, ni les *l* mouillés avec les *l* non mouillés : *jeune* et *jeûne, file* et *fille, péril* et *puéril* sont de mauvaises rimes.

8. *É, i, u*, seuls ou suivis des consonnes *l, s, t* ou *z, a* final des verbes, et les sons communs à un grand nombre de mots, ne riment pas bien s'ils ne sont pas précédés des mêmes lettres dans les syllabes rimantes : *aimé, donné, parlez, sortez, vertus, reçus, remis, finis, aima, porta*, ne forment pas de bonnes rimes.

9. Un mot terminé par *s*, *x* ou *z* ne peut rimer qu'avec un mot ayant une de ces consonnes pour finale : *sable* et *fables*, *genou* et *jaloux*, *santé* et *portez* ne peuvent rimer ensemble ; mais *tous* et *toux*, *beautés* et *portez*, *clefs* et vous *raclez*, les *jours* et le *cours* formeront des rimes suffisantes.

10. Les finales des verbes *ais*, *ait*, *ent*, *oient* ou *aient* ne doivent rimer qu'entr'elles, et non pas avec les mêmes finales d'autres mots : ainsi il n'est point d'usage de faire rimer *jamais* et *j'aimais*, *effacent* et *surface*, *lisent* et *bise*.

11. La rime est défectueuse entre un mot simple et son composé, comme *cours* et *discours* : elle est vicieuse quand on fait rimer un mot avec lui-même, à moins que les deux mots rimants n'aient des significations différentes, comme *livre* (poids) et *livre* (à lire).

12 On doit éviter la rime et même la convenance de sons entre les deux hémistiches d'un vers, entre le dernier hémistiche d'un vers et le premier du vers suivant, entre les premiers hémistiches de deux vers qui suivent.

13. Les vers qui offrent deux rimes masculines suivies de deux rimes féminines, ou l'inverse, se nomment sous ce rapport vers à *rimes plates*; quand l'arrangement des rimes est différent, les vers sont dits *à rimes mêlées*. Dans les rimes plates, on doit éviter de faire suivre de trop près des rimes semblables, et de placer de suite des rimes masculines et des rimes féminines de même consonnance : *air*, *terre*.

14. Gardez qu'une voyelle à courir trop hâtée,
Ne soit d'une voyelle en son chemin heurtée.

Les mots suivants : *la vertu a des charmes*, *ne*

pourraient, ainsi rangés, entrer dans un vers : l'*u* final de *vertu* forme, avec l'*a* suivant, un bâillement proscrit qu'on nomme *hiatus*.

15. L'*e* muet final est la seule voyelle qui puisse rencontrer la voyelle initiale du mot suivant, sans faire hiatus, *plaire à l'esprit :* dans ce cas il y a élision.

16. La conjonction *et* ayant le son de l'*é* fermé, ferait hiatus devant un mot commençant par une voyelle : *Adam* ET *Eve*.

17. Par la même raison l'on doit éviter la rencontre d'une voyelle nasale et d'une autre voyelle, si la prononciation ne permet pas de les lier : *mon* NOM EST *Mucius*.

18. Les mots *journée*, *envie*, *joie*, *vue*, et tous ceux où l'*e* muet final est précédé d'une voyelle, ne peuvent entrer dans le corps du vers qu'au moyen de l'élision; ainsi l'on ne pourrait pas mettre dans un vers : *ma journée finit; l'envie se déchaîne*, *la joie se dépeint*, *la vue s'éclaircit;* mais on pourrait dire : *ma journée est finie*, *l'envie est déchaînée*, *la joie est naturelle*, *la vue est obscurcie*.

19. Dans les mots *créera*, *liera*, *louera*, *dévouement*, et autres où l'*e* muet médial est ainsi précédé d'une voyelle, cet *e* n'est compté pour rien dans la prononciation. Quelques personnes écrivent même *loûra*, *dévoûment*.

20. Il est un heureux choix de mots harmonieux,
Fuyez des mauvais sons le concours odieux.
Le vers le mieux rempli, la plus noble pensée
Ne peut plaire à l'esprit, quand l'oreille est blessée.

Par ces vers, le législateur du Parnasse proscrit les termes durs et de prononciation difficile. Il faut également éviter les expressions basses et prosaïques.

MATIÈRES DE VERS.

58. *L'Amour filial* (1).

Les deux premiers vers doivent être féminins, ensuite deux masculins, et ainsi de suite. Chaque ligne fait la matière d'un vers.

Eh! qui ne sait pas quelle pure volupté
la nature attacha à ce doux sentiment? (l'amour filial)
syn.......
Fidélia en donne la preuve, elle dont Adisson
transmit le nom aimable à la postérité.
syn.
la mort avait enlevé sa mère à son enfance;
mais à son père ses traits enchanteurs en offraient
le portrait vivant, et la ressemblance douce,
syn.
le cœur de ce père chéri en était idolâtre.
. . . .
aux exercices les plus doux son âme dévouée
ch.
enviait ses services à son vieux laquais;

~~~~~~

ch.
son tendre orgueil était flatté des emplois les plus humbles.
ch.
elle-même dessina artistement le fauteuil
qui, soutenant sa faiblesse par un appui double

---

(1) Si quelques-uns de ces vers paraissent trop difficiles pour commencer, il sera facile au guide d'aplanir quelques difficultés, et de mettre l'élève sur la voie.
~~~~~~

reposait sa vieillesse sur un coussin triple;
elle offrait elle-même les vêtements à son père
ch.
soignait ses mets, lui préparait ses bains;
elle ajustait sa chaussure elle-même, à genoux;
ch.
elle peignait elle-même ses cheveux blancs,
syn. ch.
réunissait ses meubles favoris auprès de lui,
ch.
ses livres chéris et les amis de son enfance.

Souvent, lorsque méditant des conquêtes la beauté
se paraît pour les fêtes ou les festins, ou pour le bal;
elle, au coin de leurs foyers, près du vieillard,
ch. ch.
écoutait le récit de ses actions militaires;
ch.
pinçait son luth, dansait : tantôt, adroitement
ch. ch.
lui chantait les anciens airs qui enchantaient sa jeunesse;
le conduisait sur le soir au lieu de son repos,
épiait son réveil, veillait à son chevet,
dressait la table pour lui, et des plantes de l'Asie
lui versait l'ambroisie odorante de sa propre main.

---

ch.
C'était en vain que quelquefois ses amis lui disaient:
« faut-il, toujours exister sous ces lois austères
ch. ch.
« et connaissant le veuvage même avant d'être mariée

ch.
» couler vôtre jeunesse en ces ennuis pieux?
» empressez-vous de saisir ces moments rapides
» ils exciteront vos regrets, il n'en sera plus temps.
ch.
» le jeune âge se passe plus prompt que l'éclair;
» qu'un époux vous console de la tristesse de ses devoirs. »
ah! disait-elle, maman n'est plus et sa mort
m'a confié le destin d'un père en cheveux blancs.

---

ch. syn.
Que la multitude s'amuse de vains plaisirs;
ch.
pour moi mon âme jouit des avantages qu'elle se refuse.
ch. ch.
je prends plaisir quand au sortir du repos je vois
ch.
son doux réveil briller d'un rayon de joie.
je jouis lorsque prolongeant ma lecture sur le soir
ch.
j'endors auprès de son lit les douleurs qu'il souffre.
je jouis quand appuyé sur mon bras durant le jour
ch.
ses faibles pas sont aidés par mes secours pleins d'attention.
ch.
mon jeune âge engagé dans de nouveaux liens
ch.
se trouverait partagé par deux objets chéris.

ch. ch.
Une partie de mes attentions lui serait volée par
l'amour.
ch.
je lui donnerais moins de soins, je l'aimerais autant.
Non, aujourd'hui je le jure par les mânes de ma
mère,
jamais aucun objet ne pourra me faire quitter mon
père.

59. Éruption du Vésuve, Famine et Contagion.

Premières rimes masculines.

Le Vésuve courroucé sous ses montagnes caver-
neuses
recommence ses mugissements avec un affreux fracas,
et poussant une fumée épaisse il déchaîne
la tempête embrasée au-dessus de son gouffre ton-
nant :
tout-à-coup elle échappe, et des cimes ouvertes
s'élance dans les airs en colonne de feu.
des rocs fondus et des foudres souterrains
l'accompagnent jusqu'au ciel et retombent des nuages.
Répandus en torrents le bitume et le soufre
roulent sur le mont, en sillonnent les côtés,
et s'ouvrant un chemin dans les vallées creuses,
offrent l'image effroyable des fleuves des enfers.
L'incendie a gagné les bois anciens.

Les animaux, se sauvant dans les petits chemins secrets
retournent bien des fois sur leurs traces pour échapper;
la mort enflammée les chasse et les repousse en tous lieux.
Loin du volcan et de leurs toits qui brûlent on voit
les habitants pâles errer de tous côtés;
et le mari qui soutient sa moitié tombant en défaillance,
et les pas chancelants du vieillard courbé;
et la mère qui pense dérober à la mort,
son unique espoir, son fils qu'elle a dans ses bras
vains efforts: les vagues courroucées
franchissent en murmurant leurs rivages dévastés.
Jusque dans ses fondements l'Apennin trembla
par tout la terre ouvre des abymes qui fument,
ébranle les murs des villes les plus fermes
et les enterre dans le fond de ses entrailles.

ch. ch.

Un jour, peut-être, un jour nos descendants touchés
finiront par découvrir, sous des débris profonds,
ces palais, ces villes, ces portiques, ces églises,
monuments irrécusables de nos arts florissants.
C'est ainsi que dans les remparts construits par Hercule,
engloutis jadis par un accident semblable,
nous allons admirer des décombres magnifiques,
et fouiller les mines savantes de l'antiquité.
Quel sera le sort de tant d'infortunés
fortuitement échappés à cet affreux désastre?
Une pluie embrasée de cailloux et de cendres
couvre de fumée et de feu toute cette contrée.
Le cultivateur a vu les richesses des guérêts

sortir en tourbillons brûlants hors de ses greniers.
Dans les plaines desséchées il cherche encore vainement
ch.
ses robustes buffles, associés à ses fatigues.
Ils ne reviendront plus d'une marche obéissante
traîner la pesante charrue sur cette terre calcinée.
Aucun secours, aucune espérance ne se présente à peine
comment faire vivre hélas! ses fils et leur mère!
est-ce qu'il ira secouer le chêne dans les bois?
Mais l'orage a fait tomber ses traits de tous côtés;
et les chênes desséchés jusqu'à la racine
ont augmenté les décombres de ces lieux désolés.
Alors au milieu des sépulcres, des laves, des feux
la famine se présente et traînant après elle ses lambeaux,
rôde dans les villages, passe à travers les villes:
exerce premièrement ses dévastations sous l'humble cabane
ensuite franchissant les marches des palais pompeux,
entre sous les lambris dorés accompagnée du besoin.
Les sombres Euménides soufflent en même temps dans
les airs de tous côtés leurs poisons meurtriers. 2 v.
Des étouffements prolongés, une toux fréquente
sont les symptômes effrayants du premier accès.
Une haleine ardente dès le matin du second jour
ne s'échappe que péniblement du poumon qui est embrâsé.
La toux fait crier les ressorts de toute la machine,
et l'humeur résiste à ses attaques sans sortir.
Un feu rebelle étincelle à la figure.
Le pouls donne à peine l'indice du passage du sang.
L'étoffe la plus légère est une charge pesante.

Le cerveau est traversé par une barre d'acier ;
et la maladie redoublant sa fureur intérieure
déchire la poitrine comme un vautour horrible.
Après la nuit triste, allongée par la souffrance
le teint se décolore, la langue devient noire.
Le malade à l'extrémité porte sur la figure
le présage certain de sa mort qui approche.
C'est alors, doux espoir, que tu abandonnes ses lambris !
il ne voit plus ses enfants, il n'entend plus son épouse.
Tourmenté par la fièvre son âme égarée,
erre sur la cime du mont ardent,
s'imagine rouler dans un précipice, et frissonne d'épouvante

syn.

en examinant au loin la profondeur.
Un mortel étonnement suit ce transport.
Le sang glacé ne circule plus et la prunelle faible
se fermant irrévocablement sous les doigts du trépas
il périt avant que le quatrième jour ne soit écoulé.
Dieux qui est-ce qui reconnaîtrait ces champs féconds ?
des cités opulentes et d'heureux hameaux,
des bocages fleuris qui entouraient les maisons,
récréaient le voyageur étonné à chaque pas.
Les brebis étaient deux fois pleines sur les coteaux,
et les blés jaunissaient deux fois dans les champs.
On y voyait distiller la manne. Les hommes trop fortunés
y étaient courbés sous les fruits renaissant pour eux.
Fils de la fertilité, l'amour et le plaisir
portaient à la danse présidaient les concerts.
Echo ne retentissait que des chants des pasteurs ;
au sein des rochers s'élevaient des vignes ;

le laurier et le jasmin en voûtes arrondis,
embellissaient les chemins de leur ombre odoriférante.
C'était un jardin immense où des canaux sans nombre
portaient la fraîcheur de leur onde de tous les côtés.
Quelles scènes épouvantables, quelle dévastation
inattendue!
des sables brûlants, des torrents de souffre,
tous les fléaux du ciel, tous les feux de l'enfer,
ont transformé ces beaux lieux en un tombeau
immense.

60. *Les Châteaux en Espagne.*

En ce monde chaque personne construit des châteaux
en Espagne;
on en construit à la campagne et à la ville;
on en construit tout éveillé et en dormant.
En s'appuyant sur sa bêche, le paysan peu fortuné,
peut, durant quelques moments, s'imaginer être
seigneur de son bourg.
Perdant le souvenir de son âge glacé le vieillard
se croit aux genoux d'une beauté dans sa jeunesse,
et rit....; de son côté son neveu rit,
songeant qu'il devient un matin l'héritier du bonhomme.
Cette femme-ci se figure être Sultane favorite;
un jeune abbé est prélat; et un commis ministre;
le prélat (1).... il n'est pas jusqu'au simple militaire
qui n'ait un jour pensé qu'il était maréchal de France,

(1) Pour ce vers n'ayez pas égard à la coupe ordinaire des deux hémistiches.

et en espoir le pauvre lui-même devient riche.

. . . .

et chaque personnage redevient Gros-Jean comme
auparavant
Eh bien il jouit du moins du bonheur en songe.
Faire un beau rêve est encore quelque chose.
C'est une utile suspension à nos véritables chagrins;
cela nous est nécessaire : nous sommes environnés
de maux qui à la fin nous surchargeraient,
sans cette heureuse folie qui s'insinue dans nos veines.
Agréable oubli de nos maux! illusion flatteuse!
Oh! qui aurait le pouvoir de calculer ceux qui te
doivent le bonheur?
le sommeil et l'espérance sont des bienfaits moins
grands.
Erreur pleine de délices! tu nous procures d'avance
la félicité que l'espoir ne fait que promettre;
le doux sommeil suspend seulement nos peines,
et tu lui substitues un plaisir : en deux mots
je suis le plus fortuné des mortels, lorsque je fais
un songe,
et nous sommes heureux dès que nous croyons l'être.

. . . .

Dans le cours de la vie il est bien possible de se
flatter quelquefois :
hier, par exemple, j'ai mis à la loterie,
et finalement il se pourrait bien que mon billet ne
fût pas mauvais.
Je conviens que la chose n'est pas sûre : oh! non;
mais cela est possible et doit être suffisant.
De plus on s'est mis à rire en me le remettant :
Prenez, m'a-t-on dit, car celui-là est le meilleur!
Quel avantage, si néanmoins je gagnais le gros lot!

Premièrement, je ferais emplette d'une seigneurie considérable.....
Point du tout, plutôt d'une bonne et grasse ferme ;
oh! oui, dans cette contrée, ce pays-ci me plaît ;
d'un autre côté Justine aussi beaucoup.
A mon tour je posséderai donc des personnes pour me servir.
Je serai peu novice pour commander ;
mais je ne serai point insolent, ni dur, ni haut,
et je me ressouviendrai de ce que j'étais hier.
Par ma foi déjà je chéris à la folie ma ferme.
Moi! fermier considérable! j'aurai ma basse-cour pleine
de poussins et de poules qui courront sous mes yeux.
Je veux les nourrir chaque jour de mes propres mains.
Outre que cela produit, c'est un coup-d'œil ravissant.
Quel agrément lorsqu'assis devant ma porte sur le soir,
Le retour de mes moutons bêlants frappera mes oreilles ;
lorsque je verrai venir lentement de loin
mes belles génisses et mes taureaux robustes !
elles nous nourrissent, ils sont nos serviteurs.
Et monté sur son âne, mon petit Victor
Terminant la marche d'un air majestueux !
Mon bonheur sera plus grand que celui de Monsieur sur son trône
Je serai très-riche, et je donnerai des aumônes.
Quand je passerai on se dira tout bas : « Voilà
« cet excellent monsieur Victor. » Cela me sera sensible.

Il est possible que je m'abuse, mais cela n'est pas sans raison :
au moins mon plan a quelque chose pour fondement ;
Un billet. Il faut que je revoie ce cher..... eh! mais...
où est-il donc? Je l'avais encor ce matin.
Depuis quel instant ce billet est-il donc devenu invisible ?
Hélas! est-ce que je l'aurais perdu? Cela se pourrait-il bien?
Voilà que je suis confondu : mon malheur est sûr.
Que deviendrai-je ? Ah tout est perdu pour moi.

61. *Le Méchant.*

Chaque ligne pour un vers, les deux premiers sont masculins.

Combien l'homme montre d'inconséquence dans sa conduite !
un esprit dont on déteste le talent est recherché ;
les traits du méchant qu'on déteste sont applaudis,
et on lui donne encor des encouragements bien loin de le proscrire.
Mais vous conviendrez aussi qu'avec cette mauvaise manière
toutes ces personnes, dont il est le boufon ou l'oracle,
appréhendent pour eux-mêmes le destin des absents qu'il leur livre,
et que tous seraient mécontents d'exister avec lui :
on se trouve une fois avec lui, on peut l'applaudir

mais qui voudrait en faire son ami ?
— On le redoute, c'est beaucoup. — Mérite digne de pitié !
Peut-il donc être redouté des esprits sensés ?
C'est à de faibles rivaux qu'ordinairement
il lance les traits de ses mauvais discours.
Quel honneur pouvez-vous trouver à confondre, à persécuter,
à désoler une personne qui ne peut vous répliquer ?
Ce honteux triomphe du méchant
réunit la cruauté et la bassesse.
Lorsqu'on a quelque supériorité sur l'esprit d'autrui
n'est-il pas plus agréable de mériter d'en recevoir l'hommage,
d'encourager la faiblesse des autres, de la voiler,
et d'en devenir en même temps l'appui et l'amour ?
Vous vous imaginez qu'il est heureux? quelle âme digne de mépris ?
Si c'est là ce qui fait sa félicité, c'est être misérable,
étranger dans le centre des sociétés,
rejeté et fugitif de tous côtés.
Bientôt votre expérience vous fera connaître,
que c'est dans la confiance que consiste la félicité du cœur.
Un commerce suivi avec les mêmes personnes,
L'union des sentiments, des goûts et des amusements,
une petite société qui se chérit,
où vous pouvez penser tout haut et être vous-même,
sans noirceur, sans crainte, sans lendemain,

en paix et en sûreté;
voilà quel est la seule félicité tranquille et honorable
d'une âme née sensible et d'un esprit sensé.
Dangereux et suspect, sans tranquillité, sans amis,
l'homme vain et vague est déjà misérable:
mais jugeons ensemble combien plus l'est
un méchant qui est affiché, dont le passage est redouté,
qui amenant à sa suite et les horreurs et les rapports,
l'art horrible des méchancetés, l'esprit de fausseté,
couvert de honte objet d'horreur et de mépris
reste sans patrie chez les gens de bien;
voilà le véritable exilé, et vous le connaissez (*ce vers est seul.*)
Se divertir, dites-vous? quelle est votre erreur?
Quoi! immoler l'une à l'autre, vendre alternativement
chaque société, semer la division parmi les esprits,
brouiller des amis ou aigrir ceux qui sont brouillés,
flétrir des femmes estimables, les calomnier,
se faire un affreux plaisir du mal des autres,
ce germe de corruption et d'infamie,
habite-t-il avec la probité dans la même âme?
tous les hommes sont méchants? oui, ces cœurs dignes de haine,
cette multitude d'agréables, d'hommes faux, de femmes,
esprits pleins de jalousie et de bassesse, sans moralité, sans principes,
qui se méprisent tous, et par-là se rendent justice.
C'est en vain que cet affreux peuple sans délicatesse et sans frein,

veut tourner en ridicule la bonté d'âme :
pour dissiper ce nuage, et apercevoir clairement
que la méchanceté ne convient pas à l'homme :
écoutez pour oracles, pour juges, consultez
les réunions d'hommes ; examinez à nos théâtres
lorsqu'on représente quelques traits de bonté, de candeur,
où l'humanité brille dans tout son éclat ;
une volupté sans mélange remplit tous les cœurs,
et c'est là que le cri de la nature se fait entendre.

FIN DE LA PREMIÈRE PARTIE.

DEUXIÈME PARTIE.

CHAPITRE PREMIER,

Comprenant des développements d'une Idée en une ou deux Périodes, ou bien un petit nombre de Phrases.—Définitions et Pensées morales.

1. *Présomption de la Jeunesse.*

La présomption de la jeunesse est telle, que, malgré sa faiblesse, elle croit qu'il n'y a pour elle rien d'impossible ni de redoutable. — Voilà l'idée qu'il faut exprimer en une seule période, de la manière la plus nombreuse et la plus forte.

2. *Impétuosité et ravage du Conquérant.*

Pour faire ressortir cette pensée, on peut se servir d'une comparaison, montrer, par exemple, que le conquérant est semblable à un torrent qui descend du haut des montagnes, qui renverse tout dans son passage....; il faut les suivre tous deux dans leurs effets terribles et dans leur fin commune. — La période ne renfermera aucun développementoiseux : tous les mots devront fortifier la pensée, et être, s'il se peut combinés de manière à imiter le bruit du torrent.

3. *Véritable Liberté.*

Pour être véritablement libre, il faut ne reconnaître de maîtres que Dieu et sa raison. — La phrase doit être courte et simple.

4. *Quel est le plus malheureux des hommes ?*

Comme le malheur dépend le plus souvent de l'opinion que l'on est malheureux, il s'ensuit naturellement que celui qui croit être le plus malheureux, l'est en effet.

5. *Le Riche dans l'esprit du monde.*

On peut faire ici l'énumération des différents vices, non de ceux qui possèdent les richesses, mais de ceux qui en font un bon usage aux yeux du monde. — Ce sont des joueurs, des débauchés, etc... Ils fréquentent les fêtes, les spectacles, les jeux... Ils sont orgueilleux.... Ils ne pensent qu'aux plaisirs de la table... ; en un mot, ils satisfont tous leurs goûts, ils contentent toutes leurs passions.

6. *Dieu est notre unique consolation.*

Si la mort de quelque ami, ou de quelque personne qui nous soit chère, nous plonge dans la douleur, nous ne devons recourir qu'à Dieu pour nous soulager de notre affliction.

7. *Mort d'un jeune homme.*

Idoménée, surpris par une tempête, a promis à

Neptune le sacrifice de la première personne qui se présentera à lui sur le rivage. Son fils est celui que le sort lui fait rencontrer au moment où il débarque. Le roi de Crète accomplit son vœu. — (C'est ici que commence la composition.) L'enfant expire, et semblable au lis coupé par la charrue, il conserve encore sa blancheur et sa beauté. — Il faut développer cette dernière idée, et s'arrêter quelque temps sur cette comparaison. Le style doit être coulant et gracieux.

8. *Bonheur et richesse de l'Egypte.*

L'Egypte est comme un jardin. Sur les deux côtés du Nil se trouve une infinité de cités florissantes, des maisons superbes, des terres couvertes de moissons, des prairies.... On voit de toutes parts des laboureurs au milieu de leurs fruits et de leurs moissons, des bergers jouant de la flûte, etc....

9. *L'Esprit.*

L'esprit, suivant quelques personnes, consiste à afficher une science universelle, à penser peu et superficiellement, à se servir d'expressions agréables, etc.... — On peut présenter cette pensée avec tous les ornements du style, se servir de métaphores, de comparaisons, etc.

10. *La Vérité.*

Il faut rechercher les effets de la vérité, 1°. ceux qu'elle produit en nous ; 2.° ceux qu'elle produit dans le cœur du juste et du méchant ; 3°..... elle immortalise...; elle inspire des pensées généreuses... — Le style doit être coupé et vif.

11. *L'Avare.*

L'avare, pour acquérir des richesses, se condamne à toutes les bassesses, essuie le mépris de tout le monde, et cet esclave de l'or est le plus vil et le plus malheureux des fous.

12. *La Sagesse.*

Pour donner une idée véritable de la sagesse, il faut la peindre comme une vertu qui n'a rien d'austère, qui donne et fait durer les vrais plaisirs, et qui les prépare par le travail.

13. *L'Ambition.*

Comparaison de l'ambition et des ailes de l'oiseau. — Tant que l'oiseau voltige sur la surface de la terre, ses ailes ne lui sont qu'un poids inutile ; mais vient-il à s'élever dans les airs, elles le portent avec rapidité.... Ainsi.... etc.

14. *La Mémoire.*

La mémoire fait revivre les siècles passés... ; elle remet sur la scène les hommes qui ne sont plus ; et lors même que l'univers serait anéanti, elle pourrait encore le reproduire.

15. *La Bienfaisance des femmes.*

Les femmes sont naturellement compatissantes : leurs sens faibles sont vivement affectés à la vue des douleurs et des maux d'un malheureux : elles sont donc empressées à porter du secours à l'infortuné.

16. *Du Bonheur.*

On lit au front de ceux qu'un vain luxe environne,
Que la fortune vend se qu'on croît qu'elle donne.

LAFONTAINE.

Il faut mettre en peu de phrases cette idée, que la fortune fait payer cher le bonheur. Il serait bon d'employer une apostrophe, de s'adresser à quelque riche, par exemple, et de lui demander s'il est heureux.

17. *Le Flatteur.*

Il faut donner ici la liste de toutes les actions du flatteur.— Le caractère général du flatteur, c'est qu'il cherche à plaire : pour cela, il sourit, il applaudit à tout ce que vous faites.... Il vous étudie pour vous imiter ou pour vous louer.... Souvent il fait devant vous une chose, et fait le contraire devant un autre : il vous approuve lorsqu'il est en votre présence, et se rit de vous lorsqu'il n'y est plus... Souvent il est jaloux, ennemi, mais il ne fait entrevoir ni sa jalousie ni sa haine, uniquement à cause de votre autorité.... En un mot il est vil, rampant, etc...

18. *Le Chagrin.*

Un fou, rempli d'erreurs, que le trouble accompagne,
Et malade à la ville ainsi qu'à la campagne,
En vain monte à cheval pour tromper son ennui,
Le chagrin monte en croupe, et galope avec lui.

BOILEAU.

L'idée qu'il faut rendre est celle-ci : le chagrin ne nous quitte pas, quel que soit le moyen que nous employions pour le dissiper.

19. *L'Incertitude.*

L'incertitude est terrible pour un malheureux : le courage est sans force entre l'espérance et la crainte.

20. *Le séjour des petites villes.*

Le séjour des petites villes est ennuyeux, parce que l'esprit des hommes y devient petit, et que le cœur des femmes s'y glace : toutes les moindres actions y sont discutées et jugées ; et plus on a d'élévation dans le caractère, plus on a de peine à supporter ces petits tribunaux, où toute notre conduite est soumise à l'examen le plus sévère, et souvent le plus injuste.

21. *L'Homme vain.*

La vanité est toujours fille de l'ignorance : l'homme vain ressemble aux oiseaux aveugles : il ne sait où diriger sa course ; il se méconnaît lui-même. — Il faut développer la comparaison de l'homme vain avec les oiseaux privés de la vue. Que font-ils lorsqu'ils sont dans les airs ?.... qu'est-ce qui peut les conduire ?.... etc.

22. *La Vérité ou la Conscience.*

La vérité morale n'est autre chose que ce sentiment intérieur qui approuve ou blâme nos actions, qui nous dit ce qu'il faut faire ou éviter.... — Le but du devoir est d'exposer d'une manière oratoire et périodique ce qu'est pour nous la vérité morale ou la conscience : pour cela il faut bien s'examiner soi-même, et énumérer les différentes fonctions de cette faculté qui nous dirige partout, qui éclaire nos jugements, et que nous ne consultons jamais sans être satisfaits.

23. *Idée du Pauvre aux yeux du monde.*

L'élève doit faire ici le détail de toutes les misères du pauvre.... Le pauvre est méprisé.... Il paraît comme un être couvert d'ignominie.... Il n'a aucun asile... On évite sa rencontre, et bien plus encore sa présence.... On le plaint à peine.... Si on lui donne quelque secours, c'est souvent en répugnant....; et à en juger par la manière dont on le traite, on dirait qu'il n'est plus un homme. — Pour mieux exprimer ces différents traits, il faut tâcher de faire une comparaison : il faut exprimer surtout avec indignation les malheurs injustes de cet être abandonné de toute la nature, s'arrêter sur cette espèce de dédain qu'on a pour lui, et gémir justement sur la nécessité où l'a mis l'opinion de rougir de son sort. Le style de cette période, ou des deux ou trois phrases composées sur ce sujet, sera concis et vigoureux.

24. *La Médisance.*

Il faut exposer les funestes effets de la médisance. — Elle porte le trouble partout.... Elle produit les haines.... Elle infecte de son poison mortel tout ce qui l'approche. — On peut réunir ces idées dans deux périodes ou même dans une seule phrase.

25. *Le Malade, au lit de la mort, conçoit encore des espérances de guérison.*

Le but de cette composition est de montrer que l'homme espère encore se rétablir, au moment même où tout le monde désespère de son salut. — Il faut énoncer cette proposition d'une manière un peu oratoire.... Malgré l'avis des médecins; les larmes d'une famille éplorée, etc., on ne peut se convaincre qu'on est près d'entrer dans un autre univers.... On aime mieux en croire son propre intérêt que les jugemens de gents qui souvent sont dans l'erreur, ou les alarmes exagérées de quelques crédules. — Le style doit être grave et sévère ; les ornements seraient peut-être déplacés dans un devoir où l'énergie et la force sont les deux principales qualités que l'on doit rechercher.

26. *Préjugé sur les Anciens.*

Quelques personnes portent jusqu'aux nues le mérite des anciens ; ils ont tout inventé, disent-ils. Il faut montrer que, malgré cela, les anciens n'ont pas eu plus d'esprit que nous ; car autant vaudrait les vanter d'avoir bu avant nous dans les sources auxquelles nous puisons, et dire que nous n'avons pour nous désaltérer que ce qu'ils nous ont laissé..... — L'élève doit tâcher de présenter ces idées avec adresse, et surtout avec enjouement.

27. *Respect de quelques personnes pour les Anciens.*

Il est des gens dont le respect pour les anciens est tel, qu'ils regardent tout ce qu'ils ont dit comme des oracles, et qu'ils veulent tout appuyer ou tout détruire par leur autorité. — Le style doit être simple ; on pourrait traiter cette pensée avec esprit et avec plaisanterie.

28. *Le Bonheur n'est pas dans l'opulence.*

Il faut comparer la folie de ceux qui se persuadent que le bonheur est dans les richesses, à l'erreur de cet animal qui se regarde dans une glace ; il veut toucher son image ; mais lorsqu'il tâche de la saisir, elle s'évanouit aussitôt.

29. *Le Travail.*

S'occuper, c'est savoir jouir ;
L'oisiveté pèse et tourmente :
L'âme est un feu qu'il faut nourrir,
Et qui s'éteint, s'il ne s'augmente. VOLTAIRE.

Ces vers doivent être mis en prose, c'est-à-dire que l'élève doit s'approprier la pensée du poëte, et la rendre avec le nombre et l'harmonie que comporte la prose. On peut substituer à l'idée exprimée dans les deux derniers vers, celle-ci : — Le travail peut seul augmenter la joie, et dès que la vie ne nous cause pas de plaisir, elle devient pour nous un supplice.

30. *La Curiosité ou les Manies.*

Qu'est-ce que la curiosité ou les manies ? C'est un goût pour ce qui est rare...., pour ce qui est à la mode...., etc. C'est une passion qui l'emporte même sur l'amour. — Il serait bon d'employer quelques antithèses ; d'opposer ce que sont ces manies à ce que devrait être la curiosité louable : ainsi, lorsqu'on est poussé par cette passion, au lieu de rechercher ce qui est bon et beau, on ne s'occupe que de ce qui est à-la-fois rare et futile, etc....

31. *Les Tombeaux de la campagne.*

Un tombeau à la campagne fait une impression très-vive ; une simple fosse fait verser des larmes. — On peut relever cette idée par le contraste des tombeaux fastueux que l'on voit dans les villes, et qui ne font éprouver à l'homme que de faibles sensations, ou plutôt qui impriment dans l'âme des sentiments entièrement opposés à ceux qu'ils devraient inspirer.

CHAPITRE II.

Comprenant des Récits, des Lettres, des Descriptions.

SECTION PREMIÈRE.

RÉCITS.

32. *L'Amitié fraternelle.*

On rapporte que le fils d'un négociant de Londres, ayant irrité son père par ses débauches et sa mauvaise conduite, attira sur lui le châtiment qu'il avait mérité : il fut privé de l'héritage auquel il pouvait s'attendre. Les réflexions qu'il fit alors sur sa position, et sur ce qui l'avait réduit à cet état de misère, bien loin de le faire murmurer, servirent au contraire à le convaincre de tous ses torts. Son frère fut instruit de ce changement, et partagea avec lui les biens que leur père avait laissés en mourant.

33. *Mort d'Amazili.*

Amazili, jeune Américaine, a été prise par les Espagnols dans une sortie que les Mexicains ont faite, du fort où ils sont assiégés. Elle est séparée pour toujours de son frère et de son époux. Reléguée dans un vaisseau, elle va dès le matin sur la poupe et cherche à voir la citadelle : elle aperçoit deux hommes sur les remparts; elle les distingue; elle voit son frère et son amant : pour se faire reconnaître, elle agite sa ceinture; Télasco (c'est le nom de son époux), lui répond en remuant son panache.

Aussitôt elle se perce d'une flèche et s'élance dans la mer. — Elle se donne la mort parce qu'elle craint de rendre son frère et son époux traîtres envers leur patrie : ils auraient pu se décider à rendre le fort pour la délivrer.

34. *Trait d'Amour filial.*

On a célébré de mille manières le trait suivant. — Dans une de ses éruptions, le mont Etna lança un torrent de feu qui se répandit dans la campagne.... (Description des forêts, des moisons, etc. brûlés par l'incendie.) Après un tremblement de terre les flammes se communiquent à Catane.... (Peinture de la désolation des habitants.) Tous s'empressent d'emporter ce qu'ils ont de plus précieux. Amphinone et son frère voient leurs vieux parens ; ils craignent pour leurs jours, et emportent ce fardeau, qu'ils mettent à l'abri du feu, après s'être exposés eux-mêmes aux plus grands dangers.

35. *L'Enfant gâté.*

Il est des personnes qui aiment leurs enfants avec tant d'ardeur, qu'elles ne veulent jamais qu'on leur refuse rien ; par là, il arrive souvent qu'au lieu de leur donner une bonne éducation, on n'en fait que de petits tyrans. Tel était le fils d'une dame d'esprit, qui vit combien ridicule était sa conduite, lorsque l'événement suivant lui arriva. — Cette dame entend pleurer son enfant ; elle vole auprès de lui, elle gourmande le domestique qui refuse de lui obéir, elle va chercher son mari, qui reproche au valet sa double désobéissance ; mais celui-ci montrant un seau d'eau dans lequel on voyait l'image de la lune, déclare que l'enfant veut l'avoir, et engage la dame et le mari à la lui donner eux-mêmes, s'ils le peuvent. Tout le monde rit aux éclats, excepté la dame, que cette aventure venait de rendre honteuse. — Ce récit peut être raconté d'une manière plaisante.

36. *Délivrance d'Ataliba, roi de Quito.*

Huascar, roi de Cusco, et Ataliba, roi de Quito, s'étant déclaré la guerre, marchèrent à la tête de leurs troupes : ils engagèrent un combat, et Ataliba fut vaincu et fait prisonnier. Un vieux soldat se présente pour le délivrer; il part. (Ici commence le récit.) Ataliba était dans sa prison, tourmenté par la pensée des malheurs de son peuple..... Tout-à-coup il entend marcher.... Un homme paraît, l'engage à ne pas faire de bruit, et l'entraîne après lui.... ; le roi le suit.... ; bientôt il est libre, et se trouve au milieu de ses sujets, qui le regardent comme un dieu.

37. *Reconnaissance d'une Lionne.*

La nouvelle colonie que les Espagnols avaient fondée en 1535 à Buenos-Ayres, manqua bientôt de vivres. Comme les sauvages massacraient ceux qui allaient chercher des aliments, le commandant défendit de sortir de la ville. Une femme s'échappa; et après avoir erré long-temps, elle entra dans une grotte. Elle y trouva une lionne qui vint à elle presque en tremblant. (Peindre ici la frayeur de cette femme, et ensuite montrer qu'à cette crainte succéda la pitié.) Maldonata vit qu'elle était prête à mettre bas et qu'elle lui demandait du secours. La lionne fut délivrée heureusement : elle sortit aussitôt après avoir mis au jour deux lionceaux, et apporta bientôt de la nourriture, qui fut partagée par toute la famille. Tous les jours elle allait dans les bois, et rapportait assez de gibier pour fournir aux besoins de tous. Elle nourrit ainsi ses petits et Maldonata, jusqu'à ce que les jeunes lionceaux fussent en état de vivre par eux-mêmes. Seule et abandonnée, la malheureuse Espagnole ne tarda pas à être prise par les sauvages et reprise par les Européens : elle fut condamnée par ceux-ci à être attachée à un arbre et à mourir de faim. Deux jours après avoir été exposée, des Espagnols la trouvèrent encore en vie et défendue par une lionne. Le commandant fit grâce à Maldonata, et voulut entendre de sa bouche le récit d'une aventure si singulière.

38. *La Générosité envers ses ennemis est digne d'éloges.*

Un père de famille ayant divisé ses biens en trois parties, les assigna à chacun de ses enfants. Il lui restait un diamant précieux qu'il ne voulut donner qu'au mérite. Ils cherchèrent tous à le gagner : l'un d'eux dit à son père qu'un étranger lui ayant confié son argent et sa fortune, il les lui avait remis fidèlement ; l'autre raconta qu'il avait retiré de la rivière un enfant qui se noyait ; enfin le troisième dit qu'ayant vu son ennemi endormi sur le bord d'un précipice et en danger d'y tomber, il le réveilla et le sauva de la mort. Dire auquel des trois le père remit le diamant, et donner les motifs de la préférence.

39. *Les Religieux du Mont-St.-Bernard.*

A la fin d'avril 1755, j'allais en Piémont par la route du mont Saint-Bernard. La troupe avec laquelle je marchais était parvenue, à quatre heures, au-dessus de la montagne, et s'était remise en route. Il était déjà presque nuit et je me décidai à rester avec les religieux. Une brume couvrit les Alpes : on entendait le bruit des avalanches. (Description de l'obscurité qui se répandit alors, et des masses de neige qui se précipitaient du haut des montagnes.) J'étais auprès du feu, et pendant ce temps les religieux étaient allés au secours des voyageurs. (Peindre ici l'empressement de ces pieux solitaires.) Ils sont intrépides et vigilants; ils volent partout où ils peuvent tendre la main à un malheureux..... L'aboiement des chiens m'annonça leur retour et celui des voyageurs. (Il faut parler ici des services que rend cette espèce particulière de chiens, qui cherchent les malheureux, qui les soulagent, qui les ramènent sur la route, etc.) — Les religieux oublièrent leurs fatigues pour servir ceux qu'ils avaient délivrés d'une mort certaine; ils leur donnèrent tout ce dont ils avaient besoin.

40. *Force de l'Amitié, ou Damon et Phintias.*

On avait élevé dans une île de la mer Egée un temple à l'Amitié. Pendant quelque temps les adorateurs de la Déesse lui furent agréables, mais bientôt ils devinrent mercenaires et intéressés. L'Amitié les renvoyait à d'autres divinités : elle dit à un riche, qu'il devait porter ses offrandes à la Fortune; à un Athénien qui se faisait passer pour ami de Solon, qu'il ne recherchait l'affection de ce sage qu'à cause de sa gloire; à deux femmes de Samos, que le goût des plaisirs les réunissait, mais que la jalousie les tourmentait l'une et l'autre : enfin Damon et Phintias arrivent au temple et y sont accueillis avec bonté par la Déesse. Denys était alors tyran de Syracuse. Phintias est injustement accusé de quelque crime, et bientôt après condamné à mort. Il demande la permission d'aller régler ses affaires, et promet de revenir au temps marqué. Damon garantit sa promesse en le remplaçant dans sa prison. Phintias retarde.... ; le jour de son supplice arrive.... Damon marche à la mort...... Des cris annoncent le retour de Phintias : il vole au lieu où son ami va être immolé, il l'embrasse..... Mais, ô scène attendrissante! ces deux amis se disputent le bonheur de mourir l'un pour l'autre. Les spectateurs sont émus, le roi est attendri par un pareil dévouement, pardonne à Phintias, et demande à partager une si belle union.

41. *Eponine et Sabinus.*

Sabinus était un Romain qui, pendant les troubles civils, avait combattu contre Vespasien, et avait même prétendu à l'empire. Lorsqu'il vit ses espérances trompées, il ne songea qu'à se soustraire à la mort. Il possédait de vastes souterrains; il prit la résolution de s'y retirer. Mais il avait une femme jeune et belle : il fallait l'abandonner pour toujours, ou lui faire habiter un séjour si affreux. Il aima mieux la laisser à Rome. Il assemble ses domestiques, les congédie en leur disant qu'il va se donner la mort, brûle sa maison, et se jette dans les souterrains. Eponine apprend cette triste nouvelle; elle ne veut pas survivre à Sabinus, et pour accomplir son dessein, elle refuse de prendre aucune espèce de nourriture. Sabinus connaît par ses affranchis la position de son épouse, et pour l'empêcher de se faire mourir, il lui fait la confidence de son secret..... Eponine arrive auprès de Sabinus. Quel bonheur pour l'un et pour l'autre..... ! Ils concertent tous deux les moyens de se soustraire à la vigilance de leurs ennemis. Eponine ne pouvait disparaître sans s'exposer à des recherches dangereuses. Elle prend donc la résolution de venir tous les soirs auprès de son mari, et de retourner tous les matins, malgré l'éloignement où est sa maison de la retraite de son époux..... Elle tient parole..... (On pourrait peindre ici quelqu'une de leurs entrevues; le moment, par exemple, où Eponine arrivait pendant l'hiver, toute tremblante, hors d'haleine, etc...) Eponine est bientôt encore plus chère à son époux : elle devient mère. Mais comment cacher sa grossesse ? elle y parvient par sa prudence. Elle se retire dans son appartement : elle invoque le ciel, et le ciel propice lui donne deux enfants. Ces fruits d'un amour malheureux sont élevés dans le souterrain jusqu'à l'âge de neuf ans.... Sa tendresse pour son époux, sa piété pour ses enfants, le bonheur dont elle jouissait au milieu de cette famille infortunée rendent ses visites plus fréquentes.... Elle est suivie à la grotte..... et Sabinus est pris... Eponine va au palais de l'empereur, suivi de ses deux enfants; elle implore sa miséricorde ; mais l'empereur est inflexible. L'héroïque épouse de Sabinus ne se dément pas : elle accompagne son époux au supplice.

42. *Mort de Socrate.*

Les onze magistrats chargés de l'exécution des criminels, se rendirent de bonne heure auprès de Socrate pour le délivrer de ses fers. Ses disciples entrèrent et trouvèrent Socrate tenant le plus jeune de ses enfants, et Xantippe son épouse ne cessant de pousser des cris. Le philosophe pria Criton de l'emmener. Il parla avec beaucoup de courage et de résignation : il donna encore, pour ainsi dire, une leçon de morale (1), et conseilla à ses amis de s'enrichir de vertus. Il alla se baigner, puis on lui présenta ses trois enfants : il donna quelques ordres aux femmes qui les avaient amenés et il les congédia. Bientôt après le garde de la prison vint auprès de Socrate, lui dit qu'il ne s'attendait pas à recevoir des injures, comme lui en adressaient ordinairement ceux auxquels son état lui prescrivait de présenter le poison, et l'avertit que l'heure de prendre la coupe fatale était venue. Le sage d'Athènes admira le bon cœur du geôlier, et fit remarquer ses pleurs à Criton. Celui-ci observa que le soleil n'était pas encore couché ; mais Socrate ne put consentir à prolonger sa vie de quelques heures. Quand on lui eut présenté la coupe, il demanda ce qu'il avait à faire ; le domestique, qui avait préparé le poison, lui dit qu'après avoir bu la ciguë, il devait se promener. Alors Socrate prit la coupe, fit ses prières aux dieux, et but la boisson mortelle. (Peindre ici le saisissement et l'effroi des disciples de Socrate.) Les uns cachaient leur visage, les autres pleuraient, etc... Socrate se moquait de ces marques de leur tristesse et continuait à se promener. Il se jeta sur son lit... Déjà le poison avait glacé ses membres, lorsque levant sa couverture, il dit à Criton qu'il devait un coq à Esculape.... Un moment après il expira.

43. *Courage inébranlable d'un vieux Cacique.*

Un Cacique abattu par les ans et la fatigue d'un

(1) Je n'ai pas analysé tout l'entretien de Socrate : les élèves auraient pu être embarrassés en parlant de matières philosophiques, auxquelles leur âge les rend étrangers.

combat, abandonné par ses soldats qu'il a renvoyés, est pris par les Espagnols : il les regarde sans effroi, montre les bois quand ils lui demandent où se sont retirés les Indiens; le ciel, lorsqu'on l'interroge sur l'endroit où est le toit qu'il habite; et la terre, quand on lui propose de le reconduire dans sa demeure. Les Espagnols essaient d'abord par des caresses de lui faire rompre ce silence; mais en vain : les menaces n'effraient pas ce vieux Cacique : on dresse devant lui un bûcher, il le regarde avec mépris; on l'attache à un poteau et on allume autour de lui le feu qui doit le consumer; mais il s'arme d'un nouveau courage et insulte à ses ennemis. Enfin un Espagnol lui lance une flèche, et le vieil Indien lui dit avec fierté, qu'en lui donnant si promptement la mort, il perd une belle leçon de patience, et il expire.

44. *Trait d'insensibilité et de bravoure chevaleresque.*

Duguesclin ayant accepté le défi avec un chevalier anglais, était sur le point de partir quand sa tante arriva, et le pria de ne pas s'exposer à la mort. Bertrand Duguesclin ne se laissa pas émouvoir par les larmes et les exhortations de cette femme. La tante voyant que son neveu était inflexible, lui demanda la permission de l'embrasser pour la dernière fois; mais Duguesclin fut encore inexorable; il congédia sa parente en lui disant d'aller embrasser son mari, et de faire préparer le dîner.

45. *Trait de fidélité d'un Chien.*

Sous le règne de Charles V, Aubry de Mont-Didier fut assassiné dans une forêt : son chien resta pendant plusieurs jours sur sa tombe : enfin, pressé par la faim, il vient à Paris chez un ami de son maître; il le tire par l'habit; il crie jusqu'à ce qu'on le suive : il va dans la forêt, gratte au pied d'un arbre, comme pour engager à y creuser. On y fouille et on trouve le corps du malheureux Aubry. Quelque temps après le chien aperçoit le meurtrier : il court à lui, le mord, et c'est avec peine qu'on peut l'en séparer. Macaire (c'est le nom de celui que le chien poursuit) est accusé, et comme, à cette époque, la plus grande partie des affaires de justice se décidaient par des combats singuliers, il est condamné à se battre en champ clos avec le chien. Le combat eut lieu dans l'île de Notre-Dame : Macaire avait un gros bâton, le chien avait un tonneau percé. Dès qu'on eut lâché l'animal, il courut sur son adversaire, le saisit à la gorge et le força d'avouer son crime.

46. *Mort de Turenne* (1).

Il sagit moins dans cette composition de faire le récit de la manière dont le maréchal de Turenne fut ravi à la France, que de raconter quel fut le deuil de tous ceux qui l'avaient connu, lorsqu'ils apprirent sa mort.—A peine cette triste nouvelle fut elle arrivée, que tout le monde crut l'armée et la patrie perdues.... Chacun répandait des larmes et se plaisait à rappeler quelques traits de la vie d'un si grand homme.... Le roi sentit cette perte...., le peuple partagea le deuil de la cour en fermant les maisons, et exprimant sa douleur par des gémisse-

(1) Voyez le même sujet dans les Lettres, pag. 102.

ments.... Les magistrats, les prêtres, les religieux de toutes les villes par où le convoi funèbre passa, montrèrent combien ils étaient sensibles à ce malheur....

47. *Mort de Vatel.*

Le roi (Louis XIV) alla un jour à Chantilly dans le palais du prince de Condé. Celui-ci le reçut avec magnificence. On soupa : le rôti manqua à plusieurs tables. Vatel, maître d'hôtel du prince, en fut désespéré, et il exprima à Gourville son abattement et sa douleur. Le prince fut informé du chagrin de Vatel, et alla l'assurer que le souper était magnifique. A quatre heures du matin Vatel courut partout pour faire les préparatifs et donner des ordres. Il trouva un petit pourvoyeur qui ne lui apportait que deux charges de marée : il attendit quelque temps qu'on lui en apportât encore de quelque autre endroit; mais rien n'arriva. Alors, ne pouvant survivre à l'affront de ne pouvoir présenter sur la table du roi que si peu de marée, il monta dans sa chambre, se perça trois fois de son épée et mourut. La marée qui avait tardé quelque temps arriva bientôt : on chercha Vatel; on le trouva baigné dans son sang.

48. *La caverne des Serpents.*

Alonzo, suivi de deux Indiens, se trouve surpris par un orage : ses deux guides sont écrasés l'un par la foudre, l'autre par un rocher. La tempête continue à être terrible.... Seul au milieu d'une forêt, Alonzo cherche une retraite. (Ici commence le devoir.) —Il entre dans une caverne... Il entend du bruit.. Il est au milieu d'un nombre infini de serpents qui tapissent la voûte de cet antre. Leur poison est mortel. Alonzo est immobile..... (Il faut peindre ici quel est l'état affreux dans lequel il se trouve pendant toute la nuit.) Il craint à chaque instant de trouver à côté de lui quelqu'un de ces reptiles, d'en voir tomber sur sa tête : s'il veut s'en aller, il en est encore empêché par la crainte d'en rencontrer.... Enfin le jour arrive ; il voit ces serpents hideux ; il n'ose avancer. Cependant il faut sortir ou mourir : il rassemble ses forces, se traîne sur ses genoux hors de ce terrible lieu, et s'échappe pâle et tout défait.

SECTION DEUXIÈME.

LETTRES.

49. *Lettre de Voiture à Mademoiselle de Rambouillet, depuis Madame de Montausier.*

L'auteur lui mande trois choses. 1°. Que pour viter les attaques des bandits qui sont dans les hontagnes du Piémont, il a écrit à leur capitaine le lui envoyer une escorte de ses gens, et qu'avec ux il a été jusque dans un endroit où il y avait arnison espagnole ; 2°. qu'arrivé dans ce lieu, il 'est fait passer pour Savoyard, en imitant leur ccent et leur langage ; 3°. qu'enfin arrivé à Savone, s'est embarqué sur une mer agitée, et que néan- ıoins son voyage a été très-heureux.

50. *Madame de Sévigné à sa fille.*

L'idée générale de cette lettre est que n'ayant ıs reçu de lettres de sa fille, madame de Sévigné t dans l'inquiétude et le chagrin. — Il faut tâcher lui donner quelques développements, soit en disant qu'elle ne peut dormir, qu'elle s'ennuie, que cet état lui est insupportable, etc.; soit en lui exposant la joie qu'elle éprouvera quand elle recevra de ses nouvelles; soit en exprimant l'une et l'autre de ces idées.

51. *La même à la même.*

Madame de Sévigné écrit à sa fille le jour où elle s'est séparée d'elle. Elle lui fait voir toute son inquiétude sur son voyage, ses regrets de l'avoir quittée si tôt..... Elle lui parle de tout ce qu'elle a éprouvé en rentrant chez elle : elle a vu la chambre de sa fille déserte..... Tout cependant lui rappelait sa présence et augmentait sa douleur.... — Cette lettre doit être toute remplie de sentiments. L'amitié d'une mère pour sa fille, qui la quitte pour long-temps, doit en dicter toutes les phrases; il ne faut pas cependant exagérer toutes les sensations qu'elle a éprouvées; car ce serait un contre-sens. L'amour maternel est un sentiment doux et tendre, et qui, pour être bien rendu, demande des expressions tranquilles, et excitées par une émotion calme.

52. *Madame de Maintenon à son frère.*

Madame de Maintenon écrit à son frère dans les premiers jours de janvier; elle regrette de n'avoir que des vœux à lui faire; elle a des dettes et ne peut lui envoyer des étrennes. Elle lui donne de bons conseils sur le choix de ses amis, sur la religion, et lui recommande d'être sage. — Quoique ces idées aient été souvent traitées, il faut tâcher de leur donner un aspect et un tour neufs.

53. *Madame de Sévigné à sa fille.*

Madame de Sévigné fait dans cette lettre le récit de la procession de Sainte-Geneviève : les religieux, les prêtres, les chanoines de Notre-Dame, l'archevêque et l'abbé de Sainte-Geneviève, qui bénissent l'un et l'autre les Chrétiens de chaque côté.... Le parlement en robes rouges, et tous les fonctionnaires publics suivent la châsse. Pendant ce temps, plusieurs marchands et des conseillers sont en otage à Sainte-Geneviève, jusqu'à ce que la châsse soit rentrée. — Cette procession avait été faite pour demander le beau temps ; mais comme il faisait déjà beau, elle a amené un autre bien, c'est le retour du roi.... (1).—Cette lettre doit être moins la description de la procession de Sainte-Geneviève que celle d'une procession quelconque. Le style doit en être simple, vif et rapide.

54. *La même à M. de Coulanges.*

L'auteur annonce le mariage de M. de Lauzun avec *Mademoiselle*. Pour cela elle laisse son correspondant très long-temps dans le doute sur ce qu'elle lui fait savoir : ensuite elle lui annonce que M. de Lauzun se marie : elle s'arrête, et ne peut se décider à lui nommer son épouse ; ce qu'elle fait cependant après s'être amusée long-temps. — Il faut mettre de l'esprit le plus possible dans une composition qui, par elle-même, est excessivement insignifiante.

---

(1) Louis XIV revient à cette époque à Paris ; on voit que madame de Sévigné parle avec plaisanterie de cette arrivée.

55. *Mort de Turenne.*

Turenne monta à cheval le samedi à deux heures : il devança ses gens, et pria le jeune d'Elbeuf de se retirer. M. d'Hamilton conseilla à Turenne de ne pas aller du côté où il dirigeait ses pas, parce qu'on devait y tirer. Turenne tourna son cheval, et remarqua les batteries que saint Hilaire lui montrait, et que celui-ci venait de faire placer. Aussitôt un boulet l'atteignit, ainsi que le bras de St. Hilaire. Le cheval porta le héros expirant jusqu'à l'endroit où il avait laissé le petit d'Elbeuf, et là, après avoir ouvert deux fois les yeux et la bouche, ce guerrier rendit le dernier soupir. Les gens de Turenne poussèrent alors des cris : M. d'Hamilton les fit cesser, et fit enlever le petit d'Elbeuf, qui se jetait sur son corps. On enveloppa le cadavre, on l'emporta en silence dans sa tente, et on lui fit un service militaire. (Décrire cette pompe funèbre.) On le transporta de l'armée à Paris. Partout où il passa, on n'entendit que des soupirs, avant d'arriver à St. Denis, une grande foule alla à sa rencontre. — Ce récit de la mort d'un des plus grands hommes que la France ait produits, doit porter l'empreinte de la tristesse qu'un tel malheur fit éprouver à tout le monde. Les Français le pleurèrent, et tous ceux qui l'avaient connu, c'est-à-dire l'Univers entier, ne purent s'empêcher de regretter un tel héros. Le style doit être *simple*, et pour ainsi dire sans ornements.

SECTION TROISIÈME.

DESCRIPTIONS.

56. *Grotte de Calypso.*

La grotte de Calypso était sur le penchant d'un côteau. De là on pouvait découvrir la vaste étendue de la mer : on voyait une rivière qui, se divisant en canaux, formait plusieurs îles. (Description de ces canaux.) Les uns étaient rapides comme des torrents; les autres coulaient tranquillement, etc........ L'œil apercevait aussi des collines, des montagnes élevées et agréables.... Les côteaux étaient plantés de vignes, et le raisin brillait à travers les feuilles.... La campagne était couverte d'arbres et paraissait être un vaste jardin. — Il faut tâcher de mettre de l'agrément et de la simplicité dans cette description; il faut surtout s'étendre sur la peinture de l'horizon étendu qui se développait au loin, sur cette multitude de canaux qui apportaient la fraîcheur et l'abondance aux habitants de cette île fortunée : enfin, il ne faut pas oublier de décrire avec quelques détails non seulement les vignes qui couvraient les montagnes, mais encore les moissons, les fruits dont toute cette contrée était alors chargée.

57. *Retraite de Philoclès.*

Idoménée, mécontent de la conduite de Philoclès, est envoyé en exil dans l'île de Samos. Le vertueux, mais infortuné ministre du roi de Crète, s'est retiré dans une grotte. Cependant Idoménée, convaincu de l'innocence de Philoclès, charge Hégésippe d'aller le chercher dans cette île, et de le ramener dans sa patrie.... Hégésippe entre dans sa demeure.... : elle était ouverte. Le pauvre Philoclès n'avait rien de précieux dont il pût redouter la perte... : son lit est de jonc... Il n'avait pas besoin de feu ; sa nourriture se bornait à des fruits, et une fontaine lui prêtait son eau pour le désaltérer.... On ne voyait dans cette grotte que des instruments de sculpture et des livres : les premiers exerçaient son corps, les seconds l'instruisaient en le délassant. — La description doit commencer au moment où Hégésippe vient d'entrer dans la grotte : tout le reste est un récit, et peut se mettre en quelques phrases, avant le commencement de la peinture de cette retraite. Ce sur quoi on doit appuyer le plus, c'est sur l'espèce d'abandon où Philoclès laisse son habitation ; il ne craint pas qu'on vienne lui enlever ce qu'elle contient ; ce qu'il possède ne peut être utile qu'à lui.

58. *L'Orage.*

Avant de peindre un orage, il faut d'abord exposer ce qui le précède et ce qui l'annonce.... ; ce sont des vapeurs dont l'atmosphère est chargé.... ; c'est le soleil qui répand une lumière triste et pâle.... Ce sont les flots qui mugissent... , la nature qui semble s'attrister...... Il faut ensuite rapporter tout ce qui l'accompagne. L'horizon est sillonné d'éclairs. .. ; on n'entend d'autre bruit que celui du tonnerre.... ; des nuages épais parcourent les cieux avec une rapidité extraordinaire.... ; la pluie tombe par torrents.... ; les vents se déchaînent...., etc.... Enfin il faut dire comment l'orage a cessé.... L'aquilon a chassé les nuages, et la lumière du soleil est venue réjouir les mortels abattus. — Il faut s'efforcer de suivre le plus possible cette marche ; c'est celle qui paraît la plus naturelle ; c'est une espèce de gradation ; il faut la conserver dans la peinture que l'on veut faire. La frayeur que l'on éprouve pendant ces moments de tourmente et de tempête doit être excitée par les idées que l'élève développera ; il doit donc réserver les expressions les plus fortes et les plus énergiques pour le moment où le tonnerre répand par ses éclats la terreur dans le cœur de tous les mortels.

59. *Prière du soir des premiers Chrétiens.*

Aussitôt après que l'on eut sonné la cloche, on s'assembla dans une cour : là, on remarquait des granges, des étables, des ruches d'abeilles, et un puits que l'ombre d'un noyer couvrait tout entier. Lasthènes se tourne vers l'orient, et toute sa famille se réunit autour de lui : il fait la prière à haute voix.... Il prie le Seigneur de protéger sa maison contre e. songes, de le couvrir de la robe d'innocence, et de le faire entrer dans le ciel quand il sera mort. — On devra s'arrêter surtout sur la description de l'endroit où se fait la prière ; représenter dans un tableau touchant le père de famille au milieu de ses enfants et de ses bergers. Le moment où le vieillard s'adresse au Seigneur pour lui demander sa bénédiction, pour le prier de jeter un regard de pitié sur ses enfants, devra être peint avec sentiment et avec douceur. Combien un tel spectacle est attendrissant ! quel est l'homme qui ne serait pas ému à la vue d'une pareille scène ? En s'arrêtant ainsi quelque temps sur cette circonstance, il faudra mettre dans la bouche de Lasthènes une petite invocation à Dieu.

60. *Le Soir.*

Déjà la nuit approchait, et l'on voyait le crépuscule.... On n'entendait aucun bruit.... Tous les êtres animés étaient allés prendre du repos, excepté le rossignol..... Il chantait déjà.... Le ciel se couvrait d'étoiles.....et la lune s'avançant avec gravité, jetait sa sombre lumière sur les campagnes. — On pourrait décrire ici le sentiment que l'on éprouve alors.... C'est une tristesse mêlée de plaisir, une espèce de mélancolie dont les douceurs sont plus agréables souvent que celles de la joie. Cette description ne demande pas une très-grande étendue, mais elle comporte tous les ornements, même ceux de la poésie.

61. *Le lever du Soleil.*

Le lever du soleil est le plus beau spectacle que puisse se procurer l'ami de la nature. Assis sur un rocher, il sent la fraîcheur de l'air, le parfum des fleurs, etc.....Déjà le jour se mêle aux ombres de la nuit..... Une partie du ciel est bientôt éclairée; les étoiles perdent leur éclat..... Tandis que le jour vainqueur s'avance des portes de l'orient, le couchant est encore couvert de ténèbres, et les astres semblent ranimer leur clarté mourante pour s'opposer au lever de l'aurore; mais en vain: l'orient se pare des plus belles couleurs.... Les animaux, par leurs chants, leurs cris, annoncent le matin. Vénus combat encore; elle fuit lentement, et laisse la victoire indécise. L'aurore s'avance, mais bientôt un feu plus vif brille dans les cieux; on commence à voir l'astre du jour: il s'élève; son globe se rétrécit; sa lumière devient pure, et sa chaleur sèche les présents de l'aurore. — Toutes ces différentes circonstances devront être détaillées avec agrément, et en employant tous les ornements que comporte le sujet. Il faudra faire sentir la gradation admirable que la nature nous présente dans cette scène merveilleuse.

62. *Description de l'île appelée* Gorgone.

Cette île porte à juste titre ce nom.... (1) Le ciel y est toujours chargé de nuages épais ; des pluies continuelles, des orages, etc.... Les montagnes y sont couvertes de forêts obscures.... Les vallons sont fangeux et servent de lit à des torrents : on y trouve des couleuvres énormes, des insectes engendrés par un air épais et croupissant..... Telle est l'île de la Gorgone.—On peut à toutes ces circonstances en ajouter d'autres qui la rendent encore plus affreuse : on peut, par exemple, dire que les fruits n'y peuvent pas mûrir, que les moissons n'y sont jamais dorées, que le raisin n'est jamais couvert de pourpre. On peut donner à cette île, où la nature semble avoir mis tout ce qu'elle a de plus sinistre, d'autres habitants que les insectes et les serpents ; des animaux féroces, des oiseaux de mauvais augure peuplent cette terre. Il faut parler des plantes vénéneuses, etc.... qui couvrent la surface du sol, etc...... : enfin, on doit mettre dans cette composition tout ce qui peut servir à faire ressortir l'idée de terreur qu'un pareil séjour fait éprouver.

---

(1) On sait que les Gorgones étaient trois sœurs qui se nommaient Sthéné, Euryale et Méduse : elles n'avaient qu'un œil et une dent pour les trois, et elles s'en servaient chacune à leur tour : leurs cheveux étaient des serpents, et leurs mains étaient d'airain : elles tuaient les hommes d'un seul de leurs regards.

63. *Description de l'île Christine.*

On voit au loin des forêts verdoyantes; ce sont des îles : on aborde, et de nombreux habitants accourent sur leurs barques, un rameau verd ou un drapeau blanc en main.... On débarque ; on va dans un village situé au bas d'une colline, à côté d'un ruisseau qui serpente dans un riche vallon... Les cabanes sont couvertes de feuillages ; on y remarque tous les agréments de la simplicité... Les portes n'y sont fermées qu'avec un nœud fragile.... : l'arc et la lance sont suspendus, et indiquent plus un peuple chasseur qu'un peuple guerrier. — La simplicité et la douceur doivent être les deux principales qualités de cette composition.

64. *La Bétique.*

La Bétique a pris son nom du fleuve Bétis qui l'arrose. Ce pays rappelle l'âge d'or : les hivers n'y sont pas froids....; l'été n'a pas des chaleurs excessives...., et toute l'année est un beau printemps et un automne agréable....La terre se couvre tous les ans de deux moissons.... On trouve sur les chemins des grenadiers, des lauriers toujours en fleurs, etc..... Les montagnes sont couvertes de troupeaux, et des mines d'or et d'argent sont renfermées dans leur sein.... Les habitants sont ou laboureurs ou bergers : il y a dans ce pays peu d'artisans. — Il faut dans ce devoir faire la description du pays le plus fertile, et pour cela ne pas se contenter de mettre les différents détails qui sont dans cette analyse : il faut y ajouter tout ce que l'imagination présente de plus riant et de plus agréable.

65. *Les Déserts de l'Arabie Pétrée.*

L'Arabie Pétrée ne présente qu'un pays stérile, sec, brûlant; des plaines de sable, des montagnes désertes, où l'on ne voit rien d'animé, pas même des arbres....; des cailloux, des rochers, une solitude éternelle, plus terrible que celle des forêts...L'homme y est isolé; et c'est en vain qu'il tenterait de parcourir ces lieux maudits par la nature; la faim, la soif, la chaleur, tout le retient. — Les deux principales idées de cette composition se réduisent donc à dire que l'Arabie Pétrée n'est qu'un vaste désert, et que l'absence de tout être animé en rend l'aspect plus affreux et plus terrible.

66. *La Famine sur un vaisseau.*

Les vivres s'épuisent, les besoins continuent, et même semblent augmenter: enfin la famine succède à la disette.... (Il faut peindre ici combien la famine est plus terrible en pleine mer que sur la terre....) L'homme est abandonné de toute la nature; à peine l'espérance lui reste-t-elle?..... Les matelots étendus sur les bancs, sont sans force et sans courage....; tantôt ils implorent le Ciel.... tantôt ils courent comme des furieux.... Enfin le vent porte le vaisseau sur un rivage heureux. — On voit que ce à quoi il faut s'attacher principalement, c'est à la consternation et au désespoir de ceux qui sont sur le vaisseau. Ils n'ont aucun secours à attendre; ils sont abandonnés à eux-mêmes, et maudissent une destinée qu'ils ne peuvent éviter. Enfin il faut, par un contraste adroit, faire ressortir tous ces détails affreux par la joie qu'éprouvent les matelots lorsqu'ils voient la terre, et qu'un vent heureux les pousse sur un rivage fertile.

67. *Description d'une trombe et de ses effets.*

Tout était tranquille.... Bientôt un tourbillon de vent s'élève.... Les flots bouillonnent.... Aussitôt on voit une espèce de nuage en forme de colonne qui touche à la mer, et s'élève dans les cieux.... On reconnaît que c'est une trombe....; on veut l'éviter; mais le vent saisit le vaisseau, l'entraîne sous la colonne qui l'engloutit. — Il faut s'attacher à bien décrire la trombe, sa naissance causée par un tourbillon de vent, sa forme, qui est celle d'une colonne; la manière dont elle s'alimente, c'est à-dire, en pompant l'eau dans la mer; enfin sa force, qui est telle, qu'elle submerge et détruit un vaisseau.

66. *Le Pratter* (1) *de Vienne.*

Dans toutes les villes il y a un monument ou un lieu qui rappelle les souvenirs de l'enfance. Le Pratter est de ce genre : c'est une promenade hors de la ville; on y jouit de tous les plaisirs que procure l'aspect de la campagne : une forêt se prolonge jusqu'au Danube, et est remplie de cerfs qui la parcourent lorsque les promeneurs ne les troublent pas. C'est là que tous les jours les habitants de Vienne se rassemblent. (Il faut représenter ici l'effet que produit cette réunion de citadins.) Les uns sont en voiture, et les autres à pied, et tous étalent chaque soir ce qu'ils ont de plus beau et de plus précieux. — On pourrait comparer ces promenades journalières à

(1) Le Pratter est une promenade hors de Vienne.

celles que l'on fait à Paris du côté de Longchamps. Dans l'une et l'autre, on va pour se faire voir, pour montrer un bel équipage, un nouveau genre d'habillements, etc....

69. *Eruption d'un Volcan.*

Le ciel était calme; un bruit sourd se fait entendre; il s'accroît, et devient un profond mugissement.... La terre tremble.... (Effets du tremblement.) — Les édifices chancèlent...; la montagne s'ébranle, et l'on en voit sortir des flammes, de la fumée, des rochers.... Des rivières de feu descendent à travers les neiges éternelles qui couvrent la cime.... Il faut peindre ensuite la désolation des habitants.... Les uns s'enfuient hors de leur demeure; les autres tâchent de la garantir des effets terribles du feu qui la menace.... D'un côté, on emporte ce qu'on a de plus précieux; de l'autre, on voit des fils vertueux chargés du poids de leurs vieux parents, etc...

70. *Description d'une Eclipse.*

Le soleil s'obscurcit tout-à-coup; une nuit profonde succède à sa lumière...; le froid glace l'atmosphère...; les animaux sont immobiles...; ils sont étonnés de voir arriver l'heure du repos...; ils s'appellent par leurs cris....; ils se rassemblent ... Les oiseaux, que les ténèbres ont surpris dans les airs, ne savent où diriger leur vol.... (Représenter ici la confusion qui règne.) La tourterelle heurte le vautour et l'épouvante.... Les végétaux participent à ce trouble.... L'homme se fait des fantômes; il croit apercevoir des spectres; il voit dans cet événement de sinistres présages, et les sauvages, ceux qui adorent le soleil, sont dans une terreur extrême, et s'attendent à tous les malheurs. — Cette composition devra être simple : la peinture du trouble où est alors la nature entière devra être faite avec quelque détail.

71. *Description d'un supplice ordonné par l'Inquisition.*

C'est au milieu de la place publique que s'élève le bûcher, et près de là un trône. Le peuple accourt; les juges prennent place; ils ont un visage calme, et leurs yeux éclatent de joie. La foule des victimes avance, et entend bientôt l'arrêt de mort. Parmi les condamnés était un vieillard juif, autrefois chrétien; un jeune homme né dans la religion du Christ, mais accusé d'hérésie par un rival; un Maure auquel on reprochait d'avoir murmuré contre l'inquisition; enfin une foule d'adolescents élevés sous la loi musulmane, auxquels on avait promis la vie à condition qu'ils se feraient chrétiens : ils avaient accompli leur promesse; mais on leur dit qu'ils trouveraient dans l'autre monde une vie meilleure que celle qu'on leur accorderait sur la terre... la vie éternelle. Ils furent tous jetés dans les flammes. — L'élève devra d'abord peindre avec indignation cette troupe de victimes, que le fanatisme a condamnées à mourir; il devra s'attacher à transmettre dans l'âme du lecteur ce sentiment qu'il éprouve, soit en représentant la pitié hypocrite ou la joie indiscrète des juges, soit en décrivant les différentes sensations qu'éprouve le peuple à la vue d'un tel spectacle.

72. *Fête d'Interlaken, en l'honneur des fondateurs de la Liberté helvétique.*

La veille de la fête on alluma des feux sur les hauteurs; on eût dit que des astres nouveaux venaient assister au spectacle le plus touchant... (Effet produit par ces feux....) Les montagnes qui d'ordinaire ressemblent pendant la nuit à de grands fantômes, sont alors comme les ombres gigantesques de ceux auxquels on destinait cette fête. Le jour de la fête, le temps était doux et nébuleux. .. L'enceinte où l'on devait célébrer ces jeux est entourée de collines...; les spectateurs y sont placés.... Bientôt la procession arrive : une musique agréable, les magistrats, les paysans, les paysannes vêtues selon le costume ancien de leur canton, des vieillards portant des hallebardes et des bannières, voilà ce qui la compose.... (Réflexions sur cette procession; l'émotion qu'on éprouve à la vue de ces drapeaux pacifiques.) Les jeux commencent... On soulève d'énormes poids, on lutte, on court.... Le bailli distribue les prix aux vainqueurs.... On dîne, on chante.... On fait passer des coupes où sont représentés les fondateurs de la liberté helvétique..., et l'on boit au repos de la Suisse. — L'élève devra peu insister sur la veille de la fête; il se contentera de parler de l'effet que produit, au milieu d'une nuit sombre, ces feux que l'on place sur les montagnes. Il devra s'arrêter quelque temps sur la description de la procession, et surtout sur les jeux. Le style doit être simple et coulant.

73. *Tableau des regrets d'Ataliba, roi de Quito, à la mort de son fils.*

Dès que Ataliba a appris la mort de son fils, son âme est profondément émue, mais il soulage sa douleur en versant des larmes : la conquête d'un vaste pays, la gloire de ses armes, rien ne le touche; il veut voir son fils.... Le jeune prince est enveloppé dans une enseigne.... L'Inca le regarde en silence...; il reste seul avec l'objet de sa douleur; il le découvre, il jette un cri, et tombe glacé et immobile.... Quand il reprend ses sens, il embrasse le cadavre de son malheureux fils..., il prie le Ciel de le ranimer...., il demande d'expirer lui-même.... Tantôt il lave sa blessure de ses pleurs, tantôt il fixe son fils....; il lui adresse la parole comme s'il existait encore.... Quand sa douleur fut un peu calmée, on sépara ce père affligé du corps du jeune prince, et on tâcha de le consoler d'une perte si grande.— La douleur d'un père, qui voit à ses pieds le corps de son fils mort dans un combat, devra être peinte avec force: il faudra parler du moment où, seul avec l'objet de sa tendresse, il lui témoigne tout le chagrin que sa perte lui cause : on pourrait mettre un discours dans la bouche de ce père infortuné.

74. *Description du Paradis terrestre.*

Au centre d'un pays délicieux, est une montagne très-élevée, dont l'abord est protégé par des buissons... Au-dessus de ces buissons se trouve une forêt de cèdres, de pins, etc.... Enfin le paradis est placé après ces bois enchantés...; depuis là on peut découvrir une vaste plaine.... On voit dans le jardin des arbres toujours verts, toujours chargés de fruits;

l'air y est doux et inspire la joie.... ; les zéphirs répandent les plus doux parfums.... Tel était ce lieu de délices où furent placés nos premiers pères. — Ce beau séjour, cet Eden merveilleux devra être représenté avec tous les ornements d'une prose poétique. On pourra s'arrêter sur le bonheur que devaient éprouver dans ce lieu de délices les deux premiers époux, et gémir en peu de mots sur la faute qui nous a privés pour jamais d'une telle félicité.

75. *La Cataracte de Niagara.*

Cette cataracte est formée par la rivière Niagara; sa hauteur est de cent quarante-quatre pieds. Lorsqu'elle tombe, on dirait d'une mer qui se précipite par torrents : elle se divise en deux branches, et forme un fer à cheval. L'espace qui se trouve entre ces deux branches est une île creusée par-dessous.... La partie du fleuve qui se jette au midi tombe en forme de cylindre, puis en nappe... ; l'autre descend dans les ténèbres.... (Effets du soleil sur cette eau.) Mille arcs-en-ciel.... : la vapeur qui s'élève paraît comme un vaste incendie.... On voit dans ce tableau des pins, des rochers.... des aigles, etc....—On devra décrire cette île, pour ainsi dire flottante, qui se trouve entre les deux branches de la cataracte. C'est le séjour des oiseaux de proie, des hiboux, des aigles, etc. ; ensuite parler de cet atmosphère de vapeurs qui présente à l'œil étonné une variété si admirable de couleurs. Le style doit être fleuri, élégant et gracieux.

76. *Le Chien.*

Le chien a une supériorité sur les autres animaux, est-il à la tête d'un troupeau? il y met l'ordre et la discipline.... A la guerre ou à la chasse, il fait éclater son courage.... Voyez sa joie quand il entend les armes ou le cor....(Description de son empressement, de ses cris, etc....) Il cherche l'ennemi, il suit ses traces et l'amène auprès de son maître.... La forme du chien est belle; il est vif, léger, etc...., ardent, colère, etc. : il vient en rampant aux pieds de celui auquel il est attaché; il attend un coup d'œil; il est fidèle, constant, zélé; il subit les mauvais traitements; il lèche la main qui vient de le frapper... On pourrait aussi parler des services qu'il rend à l'aveugle. — Ainsi, on voit que les différentes parties du devoir sont bien distinctes : 1°. établir que le chien est supérieur aux autres animaux; 2°. parler des différents services qu'il peut rendre; 3°. faire la description de sa forme; 4°. parler de son attachement.

77. *Le Paon.*

C'est le plus beau des oiseaux.... Il faut peindre sa taille, son port, sa démarche, sa figure, et son aigrette mobile et charmante qui orne sa tête.... Son plumage rappelle le frais et le coloris des fleurs les plus belles, le brillant des pierreries, les nuances de l'arc-en-ciel....; et ses couleurs sont combinées avec tant d'art, qu'on ne peut les imiter... Tel est le paon lorsqu'il est seul; mais voyez-le auprès de sa compagne....; ses yeux s'animent...., son aigrette s'agite..., toutes ses beautés se multiplient..., etc.; chaque mouvement produit des nuances différentes. (En décrire ici quelques-unes....) — La peinture d'un si bel oiseau doit être faite avec tous les ornements les plus brillants. Le devoir se divise en deux parties :

le paon lorsqu'il est seul ; et lorsqu'il est avec sa compagne. Cet oiseau est admirable quand on le regarde isolé; mais il l'est encore davantage quand l'amour le met à côté de sa femelle, et que là il cherche à lui plaire.

78. *Le Lézard gris.*

Si le lézard gris n'est pas orné d'une manière brillante, il a du moins une forme élégante et svelte un mouvement rapide.... Il aime le soleil, il cherche les abris et s'étend dans les jours de printemps sur les murs et les toits : on voit qu'il est content.... Il ne fuit pas l'homme.... Le moindre bruit l'épouvante ; il disparaît, revient, s'enfuit encore et reparaît, et fait dans ses petits voyages plusieurs circuits tortueux et si rapides, que l'œil a de la peine à les suivre. — Le style doit être simple.

CHAPITRE III.

Comprenant des Portraits, des Parallèles, des Tableaux, des Fables, des Allégories; des Discours, des Dissertations ou Développements moraux.

SECTION PREMIÈRE.

PORTRAITS, PARALLÈLES ET TABLEAUX.

79. *Portrait de Cymodocée.*

Cymodocée, vierge consacrée aux Muses, semble avoir pris quelques-uns des traits de ces charmantes Déesses.... Baisse-t-elle les yeux, on dirait voir Melpomène? Lève-t-elle ses paupières, on la prendrait pour Thalie.....? Ses cheveux sont noirs, sa taille est élégante. — On peut comparer la noirceur de ses cheveux, l'élégance de sa taille, à quelque plante ou à quelqu'autre chose qui fasse ressortir cette idée. On doit aussi parler de son air aimable et modeste, de ses grâces, etc.

80. *Portrait de Cyrille, évêque de Lacédémone.*

C'est un homme vénérable, couvert d'un habit de pasteur. La flamme l'a privé de cheveux : sa tête est couverte de cicatrices : sa barbe est blanche : il porte un bâton en forme de houlette. — Le professeur peut donner pour modèle un de ces portraits d'Apôtre que l'on voit ordinairement dans les églises. Il faudra peindre son air doux et majestueux; son innocence et sa simplicité.

81. *Portrait des vieillards Crétois.*

Il faut représenter les sages Crétois sous les traits de ces vieillards vigoureux et fermes, que les ans ont rendus respectables.... Ils ont les cheveux blancs, et quelques-uns en sont déjà privés.... On voit empreinte sur leur visage la sagesse... : ils sont modérés, et quand ils ont une opinion différente, ils l'exposent avec tant de tranquillité, qu'on dirait presque qu'ils partagent l'avis des autres. Ils ont su réprimer leurs passions et écoutent sans peine les conseils de la raison. — L'élève devra surtout parler de leur modération, de leur sagesse et de leur tranquillité.

82. *L'Incrédule.*

L'incrédule est sans mœurs, sans foi, etc... : il ne croit que ce qui est conforme à ses désirs... ; il ne craint que les lois humaines... : il pense que tout est l'effet du hasard... : il ne peut avoir d'amis... : il est un maître cruel... ; et si on s'en rapporte à ses jugements, c'est le plus fort qui a toujours raison... Après cette vie l'incrédule n'attend rien... : la vertu et les vices sont des préjugés... : tous les crimes ne sont que des défenses que la politique a jugées nécessaires... : tout est égal à ses yeux ou du moins dans les conséquences de ses principes. — Il faut s'attacher à montrer combien est coupable un pareil homme. L'idée d'un Dieu est, selon lui, une absurdité, une sottise. Que l'élève lui fasse voir cette belle nature qui se présente à ses yeux, qu'il lui parle de toutes les beautés de l'Univers, et qu'il lui demande s'il est insensible à ce spectacle.

83. *Le Riche.*

Le portrait du riche doit être ici présenté sous son côté ridicule : il faut peindre son embonpoint, son air de confiance, ses manières avec ceux qui lui parlent, ses libertés en compagnie, à la table, en promenade.... Il est enjoué, colère, etc., et souvent il croit avoir de l'esprit. — On peut supposer un nom à ce riche. La composition devra être faite avec agrément; on devra y mêler quelque plaisanterie.

84. *Le Pauvre.*

Cette composition pourrait être donnée avec la précédente, et servirait à exercer les élèves à faire des parallèles.

Le pauvre est maigre, sec, etc.... : il a l'air d'un stupide... : il se gêne partout où il se trouve...; il cherche à plaire à tout le monde...; il occupe toujours la place la plus petite; il est triste, rêveur, etc. — Ce devoir est tout-à-fait la contre-partie du portrait du riche : au lieu de parler avec gaîté de l'état de ce malheureux, il faudra plaindre son sort.

85. *Portrait d'un Roi qui craint d'être empoisonné.*

Pygmalion, après s'être fait autant d'ennemis qu'il avait de sujets, par ses crimes et ses cruautés, redoute une mort prématurée.... Il craint de voir finir ses jours par le poison.... Souvent il mange seul les aliments qu'il a préparés de sa main....Honteux de sa défiance, il se cache dans son palais... ; il se prive de tout ce qu'il ne peut accommoder, de viande, de vin, de pain, de sel, etc...., il se contente de fruits, de quelques légumes... : l'eau qui le désaltère est puisée et apportée par lui-même d'un puits que personne ne connaît. — Ce caractère de défiance devra être peint avec force : il faudra entrer dans quelques détails ; montrer par exemple ce roi, au milieu d'immenses richesses, se préparant lui-même sa nourriture, etc.

86. *Le Fat.*

Le caractère du fat est la vanité.... Il faut exposer ici quelques traits de la conduite du fat; ce qu'il est à l'égard de ses supérieurs, de ses égaux et de ses inférieurs... : il n'a aucun égard pour ceux avec qui il est.... Il consulte toujours la mode.... C'est un acteur de théâtre..., il n'observe aucun engagement... Il a des liaisons avec tous les grands hommes du temps et dédaigne un parent pauvre.... S'il était fripon, ce serait sur tous les points le contrepied de l'honnête homme. — Tous les différents vices du fat ne sont pas compris dans cette analyse : l'élève devra tâcher d'en ajouter quelques-uns.

87. *Les Nouvellistes.*

Il faut peindre ces hommes, qui, toujours occupés des intérêts de l'État, croient que rien ne leur est inconnu... : ils savent ce qui se passe dans tous les cabinets.... ; ils font des projets admirables.... ; ils conjecturent... ; ils louent, ils blâment ceux qui sont à la tête des affaires publiques.... ; ils font aller les armées au gré de leurs caprices, et de leur tête souvent égarée : ils ont tout, des ports, des magasins, excepté le bon sens. — Ce défaut, qui est maintenant malheureusement trop général, devra être représenté sous les traits les plus forts.

88. *L'Egoïste.*

Pour bien peindre l'égoïste, il faut le prendre dans plusieurs circonstances : ainsi 1°. à table, comment s'y tient-il?... qu'y fait-il?... Deux places lui suffisent à peine... : s'il sert, c'est avec ses doigts... ; il voudrait manger seul et tout à la fois...; il est malpropre..., il répand tout sur la nappe... 2°. Dans un carrosse, les places du fond lui conviennent seules... 3°. En voyage, il sait prendre la meilleure chambre et le meilleur lit, etc. Il met tout à son service, les valets des autres comme les siens ; il prend tout ce qu'il trouve.... Il ne connaît de maux que les siens, il appréhende la mort, et voudrait vivre aux dépens de tout le reste des hommes. — Ce portrait, qui probablement ne peut convenir à aucun homme, est cependant la réunion des différents défauts que l'on remarque dans plusieurs égoïstes. Il y en a encore d'autres que l'élève pourra ajouter, afin de rendre ce vice encore plus odieux.

89. *Portrait de Pizarre.*

Un homme intrépide, endurci au travail et à tous les maux... ; sachant vaincre tous les obstacles... ; ennemi du luxe, noble, populaire, juste, se faisant aimer des soldats malgré la rigueur d'une discipline sévère; généreux...., sans ambition, ne brûlant que du désir de s'illustrer.... ; sobre..,. Tel fut Pizarre. — Les différentes parties de ce portrait doivent être séparées : ainsi on doit parler 1°. de ses vertus guerrières ; 2°. de ses vertus privées. — Il faut que le tableau soit énergique et fort, puisque c'est un personnage rempli de vigueur, de constance et de courage qu'il faut peindre.

90. *Mort de celui qui a méconnu Dieu pendant sa vie.*

Pour celui qui a méconnu Dieu, la mort anéantit tout, sa gloire, sa grandeur; tout s'évanouit... Ses amis ne peuvent plus rien pour lui... : il est seul aux prises avec la mort et un Dieu terrible.... Le passé n'est plus qu'un instant qui a disparu... ; l'avenir est un abîme... Le monde n'est plus qu'un fantôme..., le monde qu'il avait cru éternel... ; l'éternité le tourmente... Il est détrompé de tout; ce qu'il croyait réel est chimérique.... Il meurt désespéré. — L'élève devra décrire le moment où, après des souffrances terribles, après ces remords cuisants qui ont hâté l'instant de sa mort, accablé par le désespoir, il expire au milieu des imprécations contre la Divinité qu'il a méconnue.

91. *Le vrai Chrétien.*

Le vrai chrétien est celui qui est maître de son cœur, et de lui-même.... ; qui est patient, humble dans la prospérité, constant dans l'infortune : .... insensible aux injures, fidèle dans ses promesses : qui accomplit ses devoirs.... ; qui dédaigne les richesses... ; qui est embarrassé des honneurs... — A ces idées on pourra en joindre encore d'autres qu'il est facile de trouver : il suffit de se figurer l'homme le plus parfait, le sage le plus accompli dans sa conduite et dans ses mœurs ; et alors ce sera le vrai chrétien. On peut aussi faire quelques réflexions courtes et animées.

92. *Vie simple des Crétois.*

Le luxe et la mollesse sont inconnus dans la Crète ; chacun y travaille, et jouit en paix de ce qui est nécessaire à la vie.... Les repas sont sobres (Décrire ces repas.) Le vin en fait la principale partie, le reste consiste en lait et en fruits ; peu de viande... Les maisons y sont propres.... On ne réserve la belle architecture que pour les temples.... Terminer par une énumération récapitulée de toutes les qualités des Crétois ; et y ajouter quelques traits, par exemple, le courage, l'union des familles, l'émulation pour la vertu, etc., tous les grands biens que ce peuple heureux possède et estime.

93. *Les Français.*

Un des caractères généraux du Français, c'est que ses mœurs peuvent se dépraver, sans que son cœur se corrompe, que sa franchise diminue, que son courage s'altère..... S'il est dirigé par l'amour-propre, il en devient plus aimable... S'il est frivole, il ne pense pas aux crimes. — Ce n'est pas précisément un portrait du caractère français qu'il s'agit de faire ici, car il s'en faut beaucoup que toutes ses qualités aient été détaillées : il suffira d'amplifier ces considérations, de leur donner du feu et de la chaleur, et d'ajouter quelques réflexions.

94. *Même sujet.*

Outre la douceur et l'affabilité, le Français a encore de la légèreté, quelquefois même trop. (Il faut exposer ici quelques effets de sa légèreté.) Des objets frivoles l'occupent beaucoup, tandis qu'il n'est pas touché, ou rit des choses importantes... (Parler de la plaisanterie, comment il la manie, comment il la redoute..... etc.) Il est animé par le sentiment de l'honneur...; il est brave.... Il aime et honore le génie : il est quelquefois indiscret ; il se familiarise facilement. — Après avoir esquissé ainsi le portrait des Français, il est bon de le résumer en peu de mots ; c'est-à-dire mettre en petit le tableau que l'on aura fait.

95. *Les Arabes*.

Les habitants de l'Arabie sont petits, maigres, robustes, ont les yeux noirs, le visage basané, un tempérament robuste, etc.... Ils aiment à avoir une barbe longue.... Ils sont honnêtes et polis entre eux : ils sont colères et vindicatifs..... Ils ont de l'intelligence, mais ils ne la cultivent pas.... Ceux qui habitent l'Arabie aiment le pillage ; ils dévastent leurs voisins.... Les autres, qui passent leur vie dans les belles plaines de l'Yemen, sont doux, tranquilles et contents de leur liberté.... Ils fument, prennent du café, de l'opium, font brûler des parfums... Leur langage est tendre comme leurs mœurs, leur poésie est presque comme le parfum. — On pourrait faire le portrait des Arabes d'une autre manière, en faisant un parallèle des deux peuplades, l'une guerrière, l'autre voluptueuse ; l'une amie du pillage, l'autre des plaisirs ; l'une robuste et forte, l'autre énervée, etc., etc.

96. *Parallèle des Grands et du Peuple.*

Les grands et le peuple sont les deux conditions opposées de la société. Le peuple est content du nécessaire ; il ne peut faire de mal ; il ne tend qu'à être utile : franc, grossier, avec peu d'esprit, un cœur bon et sans ostentation.... Les grands sont toujours inquiets et ambitionnent toujours : non seulement ils ne font pas de bien, mais ils font souvent beaucoup de mal.... S'ils sont polis, ils sont déguisés : sans âme, sans vertu, ils sont orgueilleux et n'ont que du dehors. — J'ai mis du même côté ce qui convenait aux grands et ensuite aux pauvres : pour rendre le parallèle plus accompli, et pour mieux faire ressortir l'un aux dépens de l'autre, il serait bon de prendre chaque trait et de les opposer l'un à l'autre : le devoir pourrait alors n'être qu'une suite d'antithèses ; mais il faut avoir soin de les bien disposer, et, s'il est possible, de faire une belle gradation.

SECTION DEUXIÈME.

DES FABLES ET ALLÉGORIES.

97. *L'Élève du Sorcier ou la Présomption.*

L'élève d'un sorcier a entendu les paroles dont son maître se sert pour mettre un manche à balai à l'œuvre : il les prononce, et il ordonne au manche à balai d'aller chercher de l'eau ; ce qui est bien vite exécuté. Mais l'élève ne sait pas les paroles qu'il faut dire pour le faire cesser : l'eau continue d'arriver ; furieux, il coupe en deux le manche à balai. Les deux nouveaux manches à balai partent et apportent de l'eau. La maison allait être inondée si le maître ne fût arrivé. — Après avoir raconté cela d'une manière agréable et plaisante, il faut en tirer quelques réflexions morales : le titre du devoir indique assez en quoi elles doivent consister.

98. *Le Singe.*

Un vieux singe étant mort, Pluton ne sut que faire de son âme. D'abord il voulut la faire passer dans le corps d'un âne; mais elle fit tant de tours, que le roi des enfers consentit à la mettre dans un perroquet. Le perroquet, animé de l'âme du singe, fut acheté par une vieille causeuse qui en fit ses délices et le rendit heureux.... (Il faut parler ici de quelques-uns des divertissements qu'il causait à sa maîtresse; dire qu'il conservait encore quelque chose de son ancien caractère....) mais bientôt il mourut. Cette fois, Pluton voulut le faire passer dans le corps d'un poisson, afin de le rendre muet; mais il l'envoya dans celui d'un homme, à cause d'une farce qu'il fit devant le roi des ombres; et cet homme était un harangueur qui ennuyait, qui faisait des gestes singuliers, etc. Mercure le vit et le reconnut, en lui disant qu'il n'était qu'un composé de perroquet et de singe; c'est-à-dire, un sot.

99. *Le jeune Bacchus et le Faune.*

Le jeune Bacchus, élevé par Silène, étudiait un jour dans un bocage sombre et silencieux, au pied d'un vieux chêne. Près de là était un Faune qui se moquait des fautes que faisait Bacchus.... Le critique était gracieux et folâtre, couronné de lierre et de pampre, et le Faune était enveloppé d'une peau de lion; il tenait une houlette. Bacchus s'impatienta bientôt des ris du Faune, et lui demanda pourquoi il se moquait de lui; le Faune lui répondit qu'il s'étonnait que le fils de Jupiter fît des fautes.— Ainsi le but moral de cette fable est de montrer que, dans toutes les circonstances, on peut se moquer impunément des fautes que font les autres, quand bien même ce seraient des grands et des princes.

100. *La Fable.*

On représente la Fable comme une immortelle qui, entourée de prestiges, ne nous trompe que pour nous instruire.... Elle tient un sceptre, mais ce sceptre est une autre baguette mystérieuse qui nous transporte dans des pays heureux, qui embellit tout, qui attache, qui grave tout dans notre mémoire, et qui rend les leçons agréables et instructives.... Si cette Déesse cache quelquefois la vérité, c'est pour le mieux faire comprendre, la faire goûter et la rendre aimable.... Elle nous fait converser avec toute la nature; tantôt avec les dieux, tantôt avec les animaux, et donne souvent un langage aux êtres inanimés.

101. *Le Séjour du Temps.*

On place le séjour du Temps sous le pôle arctique.. Là, élevé sur une colonne; il réunit à la fois les grâces de la jeunesse et les rides des vieux ans.... Il est appuyé sur une horloge de sable, et les Heures en comptent tous les grains.... Armé d'une faulx, il ne pense qu'à faire des victimes.... Sourd et inexorable, il n'a égard ni aux années ni à la condition; il frappe indistinctement.... (On pourrait ici faire une belle énumération des caprices de la mort...) On voit mourir un enfant, tandis qu'un vieillard respire... Non content de faire peser son joug sur les hommes, il en accable encore toute la nature, les républiques, les villes, etc.... Les monuments de l'art ne sont pas épargnés.... Autour de lui sont des couronnes, des sceptres brisés, etc.... Il élève à leur place d'autres trônes; et l'on voit passer devant lui toutes les générations.

102. *La Jalousie et la Fureur.*

La jalousie a son temple dans un antre.... En y entrant les cheveux se dressent sur la tête.... Une main invisible nous entraîne presque malgré nous.. On voit une Déesse sombre, entourée de la Pâleur, etc.... A peine a-t-elle touché ceux qui la visitent, qu'ils ne voient plus que des monstres... Si l'on pénètre plus avant dans ce sanctuaire redoutable, on aperçoit la Fureur.... Elle est hérissée de serpents dont la langue couverte de flammes éclaire ce terrible séjour.... Lorsqu'elle jette un de ces reptiles furieux, on devient stupide, on est comme au milieu des enfers.... (Il faut parler ici de quelques-unes des crises que produit la Fureur.)

103. *La Mort.*

On peut représenter la Mort sous les traits d'un fantôme qui laisse passer à travers ses ossements la lumière des cachots où elle demeure... Elle porte une couronne de couleur changeante.... Tantôt elle vole.... tantôt elle se traîne, et prend mille formes différentes.... Elle paraît sourde, et cependant elle entend le moindre bruit qui indique la vie.... Elle paraît aveugle, et elle voit tout.... Elle a une faulx....; elle s'en sert comme d'un appui....Elle cache la blessure que le Christ lui a faite.

104. *Même Sujet.*

Au lieu de donner aux élèves l'allégorie déjà faite, on pourrait leur présenter des idées sur le même sujet et leur faire faire l'allégorie... Par exemple, tous les hommes sont soumis à la mort; ils la craignent, ils la redoutent......... Tantôt ils quittent cette victime de la vengeance et de la haine, de l'avarice ou de la perfidie, du désespoir ou de l'ambition, etc, etc....— On peut dire aux élèves que cette allégorie est la peinture de la Mort et de son cortége, ce qui les mettra sur la voie, et leur fera trouver d'amples développements des idées mises dans cet arguement.

105. *La Fortune.*

C'est une divinité puissante, assise au milieu des splendeurs de ce monde..... Elle distribue, selon sa volonté toujours capricieuse, la honte ou la gloire, les fers ou les couronnes; en un mot elle fait le bonheur ou le malheur des mortels.... Elle est invisible...; elle prévoit et juge tout.... Elle est précédée de la Nécessité, et ag[illegible]e sans cesse sa roue ...— On peut encore ajouter à ce tableau d'autres traits pour faire ressortir davantage l'idée principale de cette allégorie; savoir, que la Fortune est une déesse qui règle et dispose à son gré le sort des humains, etc. etc.

10. *Le Printemps.*

Le Printemps est une déesse charmante, qui visite chaque année les mortels.... Sa taille est plus belle que celle d'Iris ; ses traits sont ceux des Grâces, etc... (Achever ici le portrait.) Deux tourterelles se prodiguent leurs baisers dans un des plis de sa robe ; un nid de fauvettes est dans son voile..... Sa tête est couverte de fleurs. (Description de ces fleurs.) Autour d'elle sont des abeilles , des papillons....— Il faut tâcher de donner au Printemps ainsi personnifié , tout ce que la saison qu'il représente a d'admirable et d'enchanteur. Il faut mettre sur ses lèvres les marques du bonheur que la nature semble goûter alors.

107. *L'Automne.*

L'allégorie qu'il faut faire sur l'Automne, n'est autre chose que le tableau de tout ce que cette saison produit, arrangé de manière à parer une divinité peinte sous les traits d'une jeune femme.... Elle incline son visage, et sourit à la terre qu'elle regarde.... De sa chevelure qu'elle secoue sortent mille fruits... Sa robe se colore du vert de l'été et de quelques teintes de l'hiver.... : elle a une écharpe dont la couleur rappelle le printemps.... Elle foule à ses pieds des raisins, et prépare ainsi cette liqueur qui..... , etc. Des lièvres et des perdrix se cachent sous sa robe ; mais bientôt ils sont pris par les chasseurs.

SECTION TROISIÈME.

DISCOURS ET MORCEAUX ORATOIRES.

108. *Discours de Pilpatoé à Cortès.*

Douze Caciques sont envoyés par Montézume, roi du Mexique, pour négocier avec les Espagnols, dont l'armée menaçait déjà leur capitale. Ils s'adressent à Cortès ; ils lui disent que s'il est un dieu propice, ils lui présentent de l'or ; que s'il est un dieu méchant, ils lui offrent des victimes ; et que s'il est un homme, ils lui apportent de la nourriture. Cortès leur répond qu'il n'est pas un dieu, mais qu'il est leur maître. Il les fait assister au sacrifice des autels, et ensuite il ordonne aux Mexicains de la part de son Dieu de paix d'abattre leurs idoles, ou de trembler devant leurs vengeurs. Un des Caciques, Pilpatoé, lui adresse alors la parole. (Ici commence le devoir.) Il lui dit que si son Dieu est le Dieu de la nature entière, il n'a tenu qu'à lui d'être adoré par tous les sauvages, puisqu'il doit diriger à son gré les cœurs comme les éléments.... Il lui montre que c'est le supposer faible et impuissant que de s'armer pour lui.... Enfin il termine en lui faisant voir que c'était aux Espagnols à montrer par leur conduite que leur Dieu était doux et bienfaisant. — Telles sont les trois idées qu'il faut développer dans ce discours.

109. *Discours d'Hasaël.*

L'île de Crète, ayant perdu son roi par la fuite d'Idoménée, les Crétois cherchaient un prince accompli. Télémaque proposa Mentor, qui refusa la couronne. On s'adressa à Hasaël, chez qui Mentor avait été en captivité. Les vieillards lui dirent qu'ils n'osaient le prier de les gouverner; que, méprisant les hommes, il ne voulait pas se charger de les conduire, et que d'ailleurs son dédain pour les richesses et les honneurs lui faisait refuser les peines de la royauté. (C'est ici que l'élève devra commencer son discours : tout ce qui précède n'a été mis que pour lui faire connaître dans quelle circonstance Hasaël a parlé.) Hasaël répondit qu'il ne méprisait pas les hommes....; qu'il sentait combien il était grand, et combien il était difficile de gouverner.... D'ailleurs, dit-il, le pouvoir souverain, la splendeur du trône

> N'est que de ces beautés, dont l'éclat éblouit
> Et qu'on cesse d'aimer sitôt qu'on en jouit...

Il ne désire que passer ses jours dans une retraite où sa vertu lui serve de contentement et de plaisir pendant les dernières années de sa vie.

110. *Discours de Satan à la vue de l'Homme.*

Satan, après avoir parcouru l'agréable séjour de nos premiers parents, s'écrie de rage et de désespoir: O cieux! ô terre! ô enfers! voilà donc ceux à qui on a destiné nos trônes....! Il cherche à distinguer quelles sont ces nouvelles créatures.....; c'est un mélange de divinité et de matière qu'il serait tenté d'aimer..... Mais sa colère se ranime..... Il annonce tous les maux qu'il va leur causer..,. Cependant il semble se rétracter....; il ne les hait pas, il veut au contraire les joindre à lui par une amitié intime; il veut leur donner son séjour, moins beau, il est vrai, que le paradis, mais dont l'étendue peut suffire à toute leur postérité..... Enfin il se justifie par la nécessité; il est obligé, pour agrandir son empire, pour se venger de Dieu, de faire cette nouvelle conquête. — Le discours sera animé et plein de force.

111. *Discours de Fernand de Luques.*

Les Espagnols, toujours occupés de faire triompher leur entreprise dans le Mexique, tiennent conseil pour délibérer sur les dispositions nécessaires. Pizarre expose son plan : mais le vertueux Las-Casas, voyant que les Mexicains vont être injustement opprimés, se récrie contre de telles mesures. Pizarre lui assure que telle n'est pas son intention; qu'il veut seulement faire adorer son Dieu, et rendre heureux les Mexicains. Alors Fernand de Luques, voulant qu'on ne garde aucun ménagement avec des barbares, prend la parole et fait un discours véhément : voici les principaux moyens qu'il emploie :

1°. On ne doit avoir aucun égard pour des hommes qui blasphèment Dieu.

2°. L'Amérique appartient aux Espagnols, parce que ce sont des infidèles qui l'habitent; Dieu donna autrefois Chanaan à son peuple.

3°. Les Mexicains massacrent les captifs ; pourquoi faudrait-il épargner ces barbares ?

4°. Si les châtiments les effraient, qu'ils donnent de l'or, et les Espagnols leur pardonneront.

5°. Leur esclavage est la pénitence de leurs crimes : toute leur vie, ils n'ont fait qu'en commettre.

112. *Réponse de Las-Casas.*

Las-Casas, pendant ce discours, était immobile d'horreur : quand de Luques eut fini, il adressa des paroles de douceur à ce prêtre si véhément.

Il lui demande si c'est Jésus-Christ qui, du haut de sa croix, a proféré de telles paroles.... Ce peuple n'a fait aucun mal, et s'il en avait fait, il faudrait le lui pardonner.... L'exemple de Chanaan ne prouve rien ; Dieu avait parlé aux Israélites ; quelle mission a-t-il donnée aux Espagnols.. ? Si les Indiens ont massacré les captifs, ils en sont excusables ; leur dieu est le tigre, le nôtre est l'agneau.... D'ailleurs ils sont doux, tranquilles, et cependant on les immole.... Quelle pénitence leur impose-t-on pour de prétendus crimes..... ? Il faut que, réduit à travailler dans les mines, ils satisfassent la cupidité des Castillans ; l'avarice seule leur fait tenir un pareil langage.

113. *Discours de Télémaque déplorant les maux de la guerre.*

Télémaque gémit sur les maux de la guerre..... : les hommes ont déjà si peu de jours à vivre..... ; ils ont déjà tant d'autres malheurs..... : ils sont frères....., et cependant ils font ce que ne font pas les animaux, ils s'entre-déchirent..... Quel est le but de toutes ces guerres.... ? Les hommes ont assez de terre à cultiver.... C'est donc pour la gloire..... Ainsi il faudra que la vanité d'un homme soit satisfaite par la mort d'une infinité d'hommes, pa le pillage, l'incendie, et tous les autres maux qu'entraînent les guerres.... Quelle gloire......! et qui peut la rechercher....? — Il termine en disant que non-seulement les guerres doivent être justes, mais encore nécessaires.

114. *Henri IV à l'assemblée des Notables.*

Henri IV avoue en commençant qu'il n'a pas la prétention d'être orateur ; qu'il vient animé par le désir d'être le libérateur de son peuple... Déjà il a tiré la France de la servitude ; il veut lui donner sa première splendeur.... Il s'adresse aux notables, il les prie de tendre avec lui à ce but ; il se confie en leurs mains..... ; et si cette conduite n'est pas souvent adoptée par les rois, il dit que l'amour de ses sujets lui fait tout adopter pour les rendre heureux.

115. *Discours de Gonsalve.*

Gonsalve, fils du féroce Davila, ayant été pris par les Indiens, fut jeté dans une prison d'où il ne devait sortir que pour aller à la mort. L'ami des Mexicains, le vertueux Las-Casas arrive au milieu du peuple qui le retient captif. Il entend les cris du malheureux : il demande à le voir : Je suis Espagnol, dit-il au prisonnier, je n'ai jamais trempé dans les crimes de ma patrie ; je suis libre et chéri par les Indiens. Alors Gonsalve lui adresse la parole (l'élève devra commencer ici sa composition) ; il lui expose qu'il n'a fait que son devoir ; qu'envoyé par son père à la poursuite des Indiens, il a été surpris et fait captif ; qu'une partie de ses compagnons ont eu le bonheur d'être tués, et que les autres ont été immolés par les barbares... Il reste seul ; sa position est plus cruelle que la mort..... Il prie Las-Casas d'intercéder pour lui auprès des Indiens ; il lui donne tous les motifs qui l'attachent à la vie : il est jeune...., il ne reverra plus sa patrie.... Il regrette de ne pas être mort dans les combats.... ; il gémit de voir qu'il va être immolé sur les autels du Tigre. Rendez-moi, dit-il en finissant, à mon père...... : il n'a que moi....; je suis son unique espérance.... ; ces barbares l'en ont privé.

116. *Un Sergent Ecossais aux Américains sauvages.*

Ce sergent est prisonnier, et tâche de se soustraire aux tourments qu'on veut lui faire souffrir. Pour cela il dit que les Américains ne sont pas les ennemis qu'il cherchait ; qu'il a été vaincu, et que sa vie est entre leurs mains. Mais il les intéresse vivement en les priant d'écouter une proposition qu'il va leur faire. Il leur apprend que dans son pays il y a des hommes qui ont des connaissances surnaturelles : qu'un de ses alliés fort instruit lui a donné un secret qui le rend invulnérable : il en donne pour preuve sa valeur, et la manière dont il a combattu ses ennemis. Il veut leur faire part de son charme et rendre cette nation invincible ; et pour la cérémonie il demande à avoir un bras libre. Les sauvages le lui accordent : ils avaient été flattés par ce discours. Le sergent, après avoir dépouillé son cou, et balbutié quelques paroles, fait remettre son sabre à un Indien vigoureux, et dit : Je vais vous donner une preuve de ma bonne foi : vous, frappez avec force, vous ne me ferez pas la plus légère blessure. L'Indien décharge un coup de sabre, et coupe la tête du soldat. Les sauvages sont dans l'étonnement, et admirent la ruse de cet étranger, auquel ils accordent les honneurs de la sépulture. — L'élève devra, outre le discours que le sergent adresse aux sauvages, faire le récit de ce qui l'a précédé et suivi.

117. *Discours des vieillards Manduriens à Idoménée.*

Idoménée ayant quitté l'île de Crète, aborde dans l'Hespérie : les peuples qui en habitaient la côte se sont retirés : mais bientôt la guerre se déclare entre les deux nations. Les Manduriens envoient des députés. Ils demandent à Idoménée si décidément il veut la guerre : ils apportent une épée et une branche d'olivier ; ils les montrent au roi et lui disent de choisir. La paix leur serait préférable. Ils exposent tous les sacrifices qu'ils ont faits pour avoir la paix ; ils ont cédé une partie de leur pays, et se sont retirés dans les montagnes. La gloire qui s'acquiert par le sang est pour eux sans attrait. Si c'est cette passion qu'excitent les sciences de la Grèce, ils sont contents de leur ignorance : ils veulent être ignorants, mais humains, fidèles, etc. Ce qu'ils estiment, c'est la santé, la frugalité, l'amour de la vertu, etc. Tels sont les voisins qu'ils leur présentent. Mais si Idoménée veut la gloire, la suite des événements fera voir qu'ils sont plus redoutables qu'il ne le pense.

118. *Discours d'Eudore à Cymodocée.*

Cymodocée, sur le point d'embrasser la religion chrétienne, demande à Eudore qu'elle est la déesse qui préside à l'hymen, quelle est sa puissance et son cortège. Le vertueux Eudore lui répond que sa religion n'admet pas une telle divinité, quelle ne favorise pas les passions, qu'elle ne donne que la sagesse.... Il lui dit que son âme paraît chaste, mais que ses paroles sortent de la bouche d'une païenne; que s'il a pu mériter sa tendresse, s'il est destiné à devenir son époux, il désire trouver en elle le Dieu qui la créa. Il rappelle la création de la femme; il lui peint le caractère et le portrait d'une heureuse chrétienne.... Il l'engage à l'imiter, et c'est à cette condition qu'il consentira à vivre avec elle.

SECTION QUATRIÈME.

DÉVELOPPEMENTS PHILOSOPHIQUES ET MORAUX.

119. *Les Tombeaux* (1).

Que nous présente un tombeau? D'un côté le terme des inquiétudes de la vie, de l'autre le com-

(1) Voyez un sujet de devoir sur *les Tombeaux à la campagne*, pag. 9, deuxième partie.

mencement d'une éternité, et d'une éternité heureuse, si celui qui y est renfermé a été vertueux. Rapporter un exemple, comme celui de Socrate ou de Néron. Il n'est personne qui ne mette la cendre de Socrate dans l'endroit le plus brillant, tandis qu'il n'y a aucun homme qui désirât avoir celle de Néron, quoiqu'il n'y ait aucune différence entre leurs cendres. C'est donc l'instinct de la vertu qui nous fait respecter les tombeaux, etc. Regrets sur ceux qui contiennent des objets aimables, un enfant, une jeune femme.... Ces monuments n'ont besoin que de simplicité, et plus ils sont simples plus ils nous touchent vivement.

120. *La Vérité.*

La vérité plaît toujours ; les passions peuvent bien l'obscurcir quelques instants ; l'âge, les exemples, les mauvais discours peuvent l'écarter de notre esprit pour quelques moments : elle ne tardera pas à reparaître. Nous sommes naturellement portés à rechercher le solide et le réel, c'est-à-dire le vrai.... La vérité ne peut être obscure que pour un ami faux, sans réflexion, sans caractère, etc.

121. *Le Bonheur de l'obscurité.*

Celui qui vit inconnu est heureux..... (Peindre ici les principaux motifs qui font croire qu'il est heureux...) : il n'est pas en proie à des souvenirs fâcheux, à la calomnie des méchants... ; il suppose encore que l'innocence et l'honneur règnent parmi les hommes... : il cultive ses champs, et ne regrette pas les fruits d'une terre étrangère... Il n'a pas de palais, mais il se repose à l'ombre d'un chêne sous lequel il a vu un homme vertueux. On peut ensuite faire voir le bonheur de la vie champêtre..... L'ombre indique au laboureur les heures de la journée...., et ses récoltes lui apprennent son âge.... Dès que le terme de la moisson approche, le cœur plein d'une joie pure, il va couper les épis ; ses enfants folâtrent autour des gerbes amoncelées.... A ces présents, il reconnaît un Dieu, le remercie et l'adore.

122. *Imagination des Femmes.*

Les femmes sont vives ; leurs sens sont excessivement mobiles : elles reçoivent facilement les impressions de la nature ; mais elles n'en sont pas encore satisfaites : elles se créent un monde d'illusion où elles vivent ; elles aiment à se représenter des fantômes, des spectres, etc. ; il semble qu'elles goûtent du plaisir au milieu des terreurs : toutes ces illusions élèvent et animent leur âme, et les préparent à l'enthousiasme.

123. *Le Luxe.*

Il faut ici prouver que le luxe n'a aucune utilité réelle. On dit cependant qu'il nourrit les pauvres : il faut faire voir que cela est faux. — Il entraîne à sa suite beaucoup d'autres vices.... Montrer quels sont les effets du penchant que tout le monde a pour le luxe. Nous voulons imiter ceux qui sont au-dessus de nous ; les parents du roi veulent avoir la magnificence du prince, etc., etc., et cela par des motifs contraires : les uns, pour faire voir leurs richesses, et les autres, pour cacher leur pauvreté.... On se ruine, on se corrompt, et la pauvreté passe pour une infamie.

124. *Religion des femmes.*

L'histoire nous apprend que les femmes ont toujours eu en général plus de religion que les hommes; et cela s'explique naturellement. Elles sont plus sensibles ; elles ont un plus grand besoin d'occuper leur âme d'un objet qu'elles aiment : c'est à Dieu qu'elles consacrent leur cœur.... Elles recherchent avec soin ce qui peut faire leur bonheur ; cette vie ne peut guère le leur procurer ; elles se transportent dans un monde que leur promet la religion.... Elles connaissent et veulent remplir leurs devoirs ; elles respectent les bienséances ; leurs occupations peu profondes leur permettent de penser à Dieu pendant long-temps.... L'appareil des cérémonies frappe leur imagination ardente.... ; enfin la contrainte où elles sont de ne pouvoir épancher leurs peines ou leurs plaisirs dans le cœur des hommes, à cause de leur sexe, ou dans celui de leurs compagnes, à cause de la jalousie, les porte à s'adresser à Dieu, et à remplir avec exactitude, quelquefois même avec trop de scrupule les devoirs que la religion leur impose.

125. *Véritable force d'Ame.*

En quoi consiste la véritable force d'âme....? à maîtriser ses passions, ses désirs, son imagination...., etc. Celui-là est doué d'une âme forte qui pardonne à ses ennemis...., qui ne se laisse pas corrompre par l'intérêt...., etc... — Pour donner un peu de développement au devoir, il faut étendre l'idée principale qu'il s'agit de présenter. Puisque la véritable force d'âme consiste à maîtriser ses passions, il faut faire une énumération assez courte des passions, et dire comment on y résiste. On peut ensuite terminer en présentant le portrait de celui qui a cette force d'âme, cette vigueur peu commune, qui nous fait commander à ces mouvements impétueux, et résister à leurs efforts.

126. *Amour maternel.*

Une mère est heureuse près du berceau de son enfant La nature n'a pas mis ses entrailles dans le cœur d'un père, mais bien dans le sein de la mère.... Vous la voyez en effet affronter tous les dangers pour sauver la vie de l'enfant qu'elle adore... Tantôt elle se jette dans les flots..., tantôt elle se précipite au milieu des flammes pour en retirer son fils dont elle voit les jours menacés.... Voyez sa douleur et ses larmes devant le cadavre de son fils. (Il faut tâcher de peindre ses regrets.) Ces émotions, ces sentiments si grands ne peuvent appartenir qu'aux femmes.

127. *L'Exil.*

L'objet du devoir est de montrer ici quels effets produit sur nous l'exil. D'abord il est impossible d'oublier sa patrie; il semble qu'on soit étranger à soi-même : on ne voit personne qui vous parle des plaisirs de l'enfance ; on ne trouve que des inconnus. En quittant ses amis on leur fait les adieux de la mort, et de plus on en ressent toutes les douleurs.

128. *Tableau des Misères humaines.*

Il est une foule de maux qui accablent l'humanité.... Parler ici des principaux... ; la guerre, la famine, les maladies, etc. Il faut représenter la condition malheureuse des esclaves, des matelots, de ces soldats qui, privés de quelque membre, sont obligés de mendier.... Que de malades dans les hôpitaux... ; que d'infortunés, parmi ceux qui goûtaient autrefois les plaisirs de la mollesse.... Ce qu'il y a de plus malheureux encore, c'est que ces misères accablent indistinctement le vertueux et le criminel... ; et d'ailleurs jamais nous ne pouvons être heureux, parce que nos désirs ne sont jamais et ne peuvent jamais être parfaits.

129. *La Gloire.*

Il en est beaucoup qui déclament contre la gloire ; cependant, selon Tacite, c'est la dernière passion du sage : tout le monde y prétend, et pour y parvenir chacun suit une route différente ; les uns prennent le parti des armes..... ; les autres.... etc. Si l'on veut se convaincre de la puissance de ce sentiment qu'on l'ôte de dessus la terre ; tout change.... Dan tous les temps c'est la gloire qui a dirigé ceux qu l'histoire représente placés, pour ainsi dire, s des hauteurs, c'est-à-dire, les hommes de gé de talent. — On pourrait introduire cette idée, qui ne se trouve pas dans ce morceau de Thomas, sur la gloire : pour prouver que tous les hommes sont entraînés par ce penchant, Cicéron rapporte que plusieurs écrivains avaient fait des ouvrages contre cette passion, et que cependant ils n'avaient pas oublié de mettre leur nom au bas de leurs écrits.

130. *La Solitude.*

Après le mariage, la solitude est l'état le moins malheureux. Tous ceux qui ont éprouvé quelque revers s'empressent de se retirer dans un endroit où ils pourront vivre seuls; et il est à remarquer que les peuples malheureux ont produit beaucoup de solitaires.... Tels sont les Égyptiens, les Grecs du Bas-Empire, etc., etc. La solitude rend l'âme à elle-même et détruit toutes les illusions de la société; elle rend le corps plus sain et plus robuste.... ; enfin elle est nécessaire au bonheur, parce qu'il faut absolument se faire, pour ainsi dire, une solitude intérieure, si l'on veut goûter quelque plaisir durable.

131. *L'Imagination.*

L'imagination est la plus riche de nos facultés; resserrée dans les limites de ce monde et de ce siècle, elle affranchit l'espace et le temps.... Tantôt elle se porte sur le passé et assiste à la création; tantôt elle plonge dans l'éternité et prédit les événements futurs: bien plus, elle crée de nouveaux mondes, et donne l'apparence de la réalité à ce qui est impossible.

132. *Les Lettres.*

Les lettres sont un présent de la Divinité ; elles éclairent, elles réjouissent..... ; elles peuvent tout... : elles charment les ennuis de la solitude et consolent dans le malheur. — Rapporter ici quelques exemples, et terminer en disant que nous devons les entretenir et nous laisser diriger par elles.

133. *Maux qui accompagnent l'opulence.*

L'or, au lieu de nous rendre heureux, ne fait que multiplier nos besoins ; la mort viendra bientôt disperser nos richesses et les donner à des mains prodigues... Les désirs augmentent avec les richesses.. ; et le riche, par suite, est doublement malheureux, puisqu'il a à la fois des besoins et des désirs plus nombreux. — On peut citer quelques exemples, demander si Crésus, au milieu de ses richesses, était heureux, etc., etc.

134. *Importance de l'Education des filles.*

Il n'y a rien de plus négligé que l'éducation des filles ; on croit que c'est surtout aux garçons qu'il faut donner de l'instruction, et on s'y applique avec zèle. On craint de rendre les demoiselles savantes, parce qu'elles pourraient devenir précieuses : pourvu qu'elles sachent gouverner leur ménage, on dit que cela suffit. On doit craindre, il est vrai, de les rendre savantes ridicules.... : il est des connaissances qu'elles doivent ignorer toujours : elles sont faibles ; mais n'ont-elles pas des devoirs importants ? ne peuvent-elles-pas perdre et ruiner une maison, puisqu'elles sont chargées des détails des choses domestiques.....? D'ailleurs les femmes sont chargées de policer la société; elles doivent élever leurs enfants, rendre leurs maris heureux, etc.... Ainsi.... etc. Voilà le bien que font les femmes qui ont reçu une bonne éducation : que font-elles si elles ont été mal élevées....? — De tout cela il faut conclure que rien n'est plus important que l'éducation des filles.

MÉLANGES.

135. *L'Hôte généreux et bienfaisant.*

Pénurie d'un émigré retiré par force à Cologne. Honnêteté vantée d'un marchand de chevaux de l'endroit. Parti pris par l'émigré de l'aller trouver, et proposition d'être pris en pension. Consentement du marchand; prix modique, et néanmoins soins et égards, table meilleure que de coutume; amis de l'émigré reçus de temps en temps. Charme d'une telle conduite dont se félicite l'émigré. Circonstances qui l'obligent de quitter Cologne. Son chagrin témoigné à l'hôte avec expressions de reconnaissance; compte de pension qu'il veut régler depuis six mois. Paroles du marchand qui, en reconnaissant ce qui lui est dû, prétendra que, de son côté, il est débiteur. L'émigré témoignera sa surprise par interrogation. Le marchand répondra que, depuis le jour de l'entrée de l'émigré chez lui, il proposa à ceux qui s'adressaient à lui, par un motif qu'il faudra détailler, de lui payer un louis en sus du prix de chaque cheval vendu. Consentement des acheteurs; heureuse vente de cinquante chevaux, et conséquence qu'il en tire en faveur de l'émigré. D'après le prix de trois cents francs convenu pour six mois, le compte à régler amène l'offre de neuf cents francs que le marchand veut payer à l'émigré. Refus de celui-ci; instances du marchand qui donnera ses raisons de ne pouvoir retenir ce qui ne lui appartient pas; paroles obligeantes avec lesquelles il alléguera de plus l'embarras où le mettrait un refus. Difficulté de l'émigré, et acceptation dans la crainte dont il faudra donner les motifs.

136. *L'Enfant et le petit Oiseau.* (Fable.)

Jeune oiseau dans les mains d'un enfant. Sa joie, plaisir qu'il s'en promet. On fera parler l'enfant sur ce que pourra faire l'oiseau dressé. Fil attaché à la pate; biscuit, bonbon donné; malgré tout cela tristesse de l'oiseau. Questions de l'enfant, qui croit l'égayer en changeant le fil en un de soie. Tristesse plus grande de l'oiseau. Mots de l'enfant en changeant le fil de soie en fil d'argent. Tristesse continuant, fil d'argent remplacé par fil d'or. Oh c'est maintenant que etc. (l'enfant parlera) l'oiseau lui répondra de manière à lui faire sentir le prix de sa liberté qu'il mettra au-dessus des richesses.

137. *Le Voleur désarmé.*

Coutume de donner l'aumône d'une dame de Montpellier. Sa réputation de bienfaisance et secours qu'elle donnait, sans autre revenu qu'un petit commerce. Bois qu'elle traverse avec sa servante pour aller visiter une amie au village voisin. Homme armé survenant; *la bourse ou la vie.* La dame sans effroi, ses paroles de bonté à l'homme qu'elle regarde comme un malheureux réduit à l'extrémité. Ses représentations sur le danger auquel il s'expose ; désir qu'elle exprime de pouvoir le tirer de cet état. Somme de dix-huit francs qu'elle a pour son voyage et dont elle fait l'offre dans le discours qu'elle lui tient. Voleur la regardant, croyant la reconnaître; questions qu'il lui fait pour s'en assurer. Informé par les réponses, tombant aux pieds de la dame, s'accusant d'ingratitude vu l'aumône qu'il en a souvent reçue. (On le fera parler.) Excuses qu'il fait ; s'il est un voleur, il n'est pas un monstre, et il faudrait l'être pour, etc. Il lui dira ensuite de garder l'argent, s'offrira pour escorter et défendre jusqu'au sortir du bois. La dame touchée de l'état de cet homme lui en représentera de nouveau le danger. Motifs d'honneur, de religion ; espoir donné de secours, argent de nouveau offert, refus du voleur ; enfin neuf francs que lui jette la dame en sortant du bois. Réflexion morale.

138. *Bel exemple de bienfaisance d'une jeune Fille envers un militaire persécuté.*

Entrée des troupes françaises en Belgique, après la bataille de Fleurus. Nièce bienfaisante d'un sacristain de Bruxelles sauvant un Français réfugié. Fuite de celui-ci dans la ville. Jeune fille assise devant une porte. Exclamation par laquelle elle l'avertit de sa perte s'il va plus loin. Réponse de celui-ci qui prévoit même danger dans le cas contraire. Offre d'entrer ; avis que c'est la maison de l'oncle, qui s'opposerait s'il était instruit. Caché dans une grange. Nuit tombant, soldats y venant pour sommeil ; adresse de la nièce pour tirer le Français de ce lieu. Au moment où il en sort saisi par la main par un d'eux qui se réveille. Comment le soldat est trompé par la jeune fille qu'on fera parler comme si on s'adressait à elle. Son captif conduit à la chambre, et de là dans l'église. Chapelle, trappe imperceptible levée. Descente de caveau, restes de famille illustre; invitation et encouragement jusqu'au moment favorable. Sécurité du Français; sa surprise quand à la lueur de la lampe il reconnaît les armes de sa famille originaire du pays. Tombeaux d'aïeux, respect, attendrissement. Quitté par la nièce. Soutenu par l'espérance de revoir sa femme qu'il chérit. Deux jours seul en ce lieu. Ses craintes; besoin senti, épuisement, défaillance. Bruit entendu, voix de la nièce, non entendue vu sa situation. Idée de celle-ci qui laisse retomber la trappe. Épouvante du Français, cri répété. Secours, aliments, cause de retard expliquée, ainsi que précautions prises pour l'avenir. Nouveau départ de la libératrice; cliquetis d'armes entendu, rentrée au caveau, silence recommandé. Perquisition d'hommes armés conduits par le sacristain non instruit et accusé. Trappe non aperçue sous leurs pas. (Peindre ici la situation des deux captifs.) Bruit s'éloignant. Nièce sortant. Solitude des lieux; Français rassuré par elle; nourri long-temps par la personne attentive. Moment favorable. Départ, adieux, sortie, épouse rejointe, bonheur qui ajoute au prix du bienfait.

139. *Humanité d'un grenadier.*

Jeune épouse d'un émigré retirée à Ausbourg avec un enfant. Approche de troupes françaises. Sa fuite avec son fils. Erreur qui l'amène dans les avant-postes des troupes qu'elle cherche à éviter. Evanouissement. Sauve-garde donnée par le général, et conduite à la ville prochaine. Enfant oublié : donner des raisons de cette perte. Grenadier recueillant l'enfant ; ses recherches pour le rendre ; ce qui ne peut avoir lieu de suite. Sac de cuir dans lequel il portait l'enfant. Entrée d'un bois, ou broussailles, ou buisson, lieu où, quand il fallait combattre, le fardeau déposé et repris ensuite. Armistice, ou suspension d'armes. Collecte de vingt-cinq louis faite par le grenadier ; enfant remis à sa mère avec la somme.

140. *Le Loup converti.* (Fable.)

Réflexions que fait sur sa barbarie un loup après carnage fait de moutons dans une bergerie. Il exprimera ses remords sur ses forfaits. Il se demandera ce que lui a fait ce peuple innocent, et formera le dessein de changer de vie, d'être le protecteur au lieu de l'oppresseur, etc. Dans cette intention, il ira près d'un troupeau voisin, se proposant le plaisir d'être humain, de prendre d'innocents ébats ; mais ses projets s'évanouiront à l'approche du troupeau. On peindra sa fureur vorace sur une brebis. On déduira la conclusion, et ce que produit souvent l'occasion.

141. *Le bon Fils.*

Recrues que s'occupe à faire en chemin un officier en allant rejoindre son régiment. Parmi les hommes qu'il trouve, jeune homme de haute taille, figure intéressante, candeur, etc.... Décrire. Désir de l'officier de l'avoir dans sa compagnie. Émotion du jeune homme en se présentant pour être engagé. Pensée de l'officier sur l'idée de timidité, d'inquiétude, etc. Sur quoi il le rassurera. Réponse du jeune homme dans laquelle il exprime au contraire sa crainte d'être refusé. L'officier le rassurera et lui demandera ses conditions. Le jeune homme exposera modestement ses avantages, sa jeunesse, sa taille, ses dispositions pour le service ; mais il proposera en tremblant le prix élevé qu'il met à son engagement, vu une circonstance malheureuse qui lui rend la somme nécessaire. Ce prix est cinq cents francs. L'officier, en reconnaissant l'élévation du prix, traitera et lui dira de se tenir prêt pour le lendemain. Air reconnaissant du jeune homme, engagement signé par lui, somme reçue, devoir qu'il demande la permission d'aller remplir, avec promesse de revenir promptement. Curiosité de l'officier excitée par la singularité du fait. Il suivra de loin le jeune homme. Prison de la ville où il se rend, décrire l'empressement qu'il met en y arrivant, ses paroles au geôlier en lui remettant la somme pour laquelle son père est détenu. Sa demande d'être conduit près de lui pour, etc. L'officier survenant, et témoin de la scène et des paroles du jeune homme à son père. Paroles de l'officier attendri qui veut partager le mérite de l'action en rendant l'engagement au jeune homme. Reconnaissance des deux obligés ; refus de liberté du jeune homme appuyé de quelques motifs qu'il donne ; acceptation de l'officier. Le jeune homme entre au service. Secours qu'il envoie à son père. Congé obtenu au temps de droit ; vieillard soutenu par son travail.

142. *Le Rat et le Raton.* (Fable.)

Vieux rat près de mourir. Ses avis à son fils de jouir de l'héritage de provisions qu'il lui laisse en abondance pour le reste de ses jours. Avertissement d'éviter la friandise qu'il lui peint comme cause de perdition. Vœux, embrassement, mort du vieux rat. Représenter le fils jouissant des biens du défunt, mais s'en lassant bientôt, agissant contre les avis de son père, et critiquant sa vie. Excursions, rencontre d'une souricière. Effet de convoitise que produit la vue du lard, hésitation, puis tentation à laquelle il succombe : en décrire l'effet, la suite, et tirer la conclusion.

143. *Beau trait de charité.*

M. d'Apchon, évêque de Dijon, distingué par ses vertus. Sa charité pour les malheureux prouvée par le trait suivant :

Nouvelle qu'il apprend que le feu a pris à une maison. Son empressement à s'y rendre ; ses questions. Réponse qu'un enfant n'a pu être retiré d'un appartement. Son émotion suivie d'une proposition de deux mille écus pour celui qui sauvera l'enfant. Crainte qu'inspire à tous le danger ; offre inutile. Echelle apportée par ordre du prélat ; fenêtre par laquelle il pénètre. Enfant emporté à travers les flammes et rendu à ses parents. Acclamations du peuple. Somme proposée, placée sur la tête de l'enfant dont il est le sauveur. On passera au trait suivant :

Empressement connu de M. d'Apchon pour secourir les infortunés. Information qu'il reçoit de l'indigence de deux demoiselles de condition. Leur situation qu'elles n'osaient faire connaître. Emotion de l'archevêque; sa prudence pour ménager leur délicatesse. Visite; moyen qu'il cherche de secourir sans humilier. Vieux portrait de famille aperçu chez elles. Admiration feinte du prélat. Eloge qu'il fait du tableau (on le fera parler) ; il vantera l'objet comme d'un grand artiste, dont il paraîtra désirer connaître le nom. Réponse naïve des demoiselles sur le peu d'importance du prix. Désir que témoigne à dessein l'archevêque. Offre des demoiselles ; refus ; nouvelles instances. Acceptation sous condition, non du paiement de la valeur qui, etc. ; mais d'un dédommagement du sacrifice fait en cédant l'objet. Condition non acceptée ; tableau envoyé ; manière dont il est reçu peu de jours après ; rente viagère de quinze cents francs, dont un notaire est chargé de porter le contrat avec paiement d'un an d'avance. On excusera par la charité l'espèce de dissimulation qu'offre l'éloge non mérité du tableau.

144. *Le généreux Bienfaiteur.*

Auberge où se trouvent à dîner un bourgeois de Tarascon (ville de Provence) et un voyageur. Air noble et ton honnête de celui-ci, mais tristesse profonde ; compassion qu'il inspire à l'autre ; quoique non connu questions sur la cause du chagrin, et désir qu'énonce le bourgeois d'y remédier. Confiance de l'étranger, récit de ses malheurs. Bonheur dont il jouissait. Belle terre dans le Languedoc dont la privation injuste l'a plongé dans le malheur. Procès intenté au ravisseur au parlement d'Aix, où demeure celui-ci. Ressources épuisées sans réussite. Cause abandonnée quoique très bonne, faute de moyens. De là chagrin, désespoir. (On le fera parler lui-même.) Bourgeois attendri, mais sans facultés. Prétexte pour quitter la table; financier riche et charitable qu'il va trouver, récit qu'il lui fait du malheur de l'étranger. Sur la demande du financier bienfaisant celui-ci engagé de sa part par le bourgeois à venir pour affaire. Entretien particulier dans lequel le financier qu'on fera parler convenablement, se dira instruit de la peine de l'étranger, et l'engagera à déclarer ses besoins. Cinquante louis lui seraient nécessaires; offre de cent louis par le financier, avec invitation de retourner à Aix pour faire juger le procès; invitation obligeante d'en annoncer la nouvelle. Surprise et reconnaissance du voyageur, difficulté d'accepter vaincue par les instances du financier. Procès gagné, retour à Tarascon pour l'annoncer au bienfaiteur: sentiments de reconnaissance.

FIN.

TABLE

DES MATIÈRES.

PREMIERE PARTIE.

SUJETS DE DEVOIRS.

PLAIDOYER

SUR LA PERTE D'UN NEZ, D'UN BRAS, D'UNE JAMBE ET D'UN OEIL.

NOTIONS PRINCIPALES

MATIÈRES DE VERS.

DEUXIÈME PARTIE.

CHAPITRE PREMIER.

Contenant des développements d'une Idée en une ou deux Périodes, ou bien un petit nombre de Phrases. — Définitions et Pensées morales.

CHAPITRE II.

Comprenant des Récits, des Lettres, des Descriptions.

SECTION PREMIÈRE.

RÉCITS.

SECTION DEUXIÈME.

LETTRES.

SECTION TROISIÈME.

DESCRIPTIONS.

CHAPITRE III.

Comprenant des Portraits, des Parallèles, des Tableaux, des Fables, des Allégories; des Discours, des Dissertations ou Développements moraux.

SECTION PREMIÈRE.

PORTRAITS, PARALLÈLES ET TABLEAUX.

SECTION DEUXIÈME.

DES FABLES ET ALLÉGORIES.

SECTION TROISIÈME.

DISCOURS ET MORCEAUX ORATOIRES.

SECTION QUATRIÈME.

DÉVELOPPEMENTS PHILOSOPHIQUES ET MORAUX.

MÉLANGES.

FIN DE LA TABLE DES MATIÈRES.

www.ingramcontent.com/pod-product-compliance
Ingram Content Group UK Ltd.
Pitfield, Milton Keynes, MK11 3LW, UK
UKHW020602180726
13838UKWH00001B/372